全国技工院校市场营销专业任务驱动型教材（高级技能层级）
全国高等职业学校市场营销专业教材

GUANLIXUE JICHU

# 管理学基础

主 编：何 方
主 审：李焕荣

中国劳动社会保障出版社

图书在版编目(CIP)数据

管理学基础/何方主编. -- 北京：中国劳动社会保障出版社，2018

全国技工院校市场营销专业任务驱动型教材（高级技能层级） 全国高等职业学校市场营销专业教材

ISBN 978-7-5167-3501-5

Ⅰ.①管… Ⅱ.①何… Ⅲ.①管理学-高等职业教育-教材 Ⅳ.①C93

中国版本图书馆 CIP 数据核字(2018)第 146041 号

**中国劳动社会保障出版社出版发行**

（北京市惠新东街 1 号 邮政编码：100029）

*

北京市艺辉印刷有限公司印刷装订 新华书店经销

787 毫米×1092 毫米 16 开本 6.5 印张 124 千字

2018 年 7 月第 1 版 2023 年12月第 8 次印刷

**定价：14.00 元**

营销中心电话：400-606-6496

出版社网址：http://www.class.com.cn

http://jg.class.com.cn

# 简介

本书为国家级职业教育规划教材，适用于全国技工院校市场营销专业（高级技能层级）和全国高等职业学校市场营销专业，由人力资源社会保障部教材办公室组织编写。

教材以管理过程为主线，以管理的六大职能为框架，系统地介绍了管理学的基本概念及相关知识，主要内容包括决策、计划、组织、领导、控制、管理创新等。教材引入了大量的真实案例，并结合管理学原理对案例进行了解读分析，以此帮助学生更好地理解所学内容。

本书配有电子课件，可通过职业教育教学资源和数字学习中心（http://zyjy.class.com.cn）免费下载。

本书由何方任主编，李娜、徐国政、杨文忠、关博参加编写，李焕荣任主审。

# 目 录 CONTENTS

# 第一章 绪 论

**知识目标**

➢ 理解管理的含义与基本职能

➢ 了解管理思想与管理理论发展的历程

## 一、管理和管理学的含义

管理是指组织的管理者为了更好地提高效率与效益，通过计划、组织、领导、控制和创新等职能，配置组织拥有或者控制的人力、物力、财力、信息和技术等资源，从而实现组织目标的综合活动过程。例如，一家企业在运营中，要对人员、资产、设备等各种资源和生产、销售等各项事务进行管理。一个人在学习、工作和生活中，要对自己的时间、健康、情绪、学习、职业、财富、人际关系、社会活动、精神面貌等进行管理。

管理有很多种类，例如行政管理、社会管理、工商企业管理、人力资源管理、情报管理等。在现代市场经济中，工商企业的管理最为常见。

管理学是一门综合性的交叉学科，是系统研究管理活动的基本规律和一般方法的科学。管理学是适应现代社会化大生产的需要产生的，它的目的是研究在现有条件下，如何通过合理组织和配置人、财、物等要素，提高生产力水平。

## 二、管理的基本职能

管理职能是管理的职责和功能，它贯穿于整个管理过程之中，即实施管理中所体现的具体作用及实施程序。管理职能主要包括计划、组织、指挥、协调、控制、激励、沟通、决策、创新等。随着管理学研究的发展，在不同阶段，人们对管理职能的划分有不同的看法，主要有“三职能说”、“四职能说”、“五职能说”和“七职能说”，本书主要采用决策、计划、组织、领导、控制、创新这种划分方式，分六个方面阐述管理的职能。

### 1. 决策

决策是管理的核心，贯穿于整个管理过程，计划、组织、领导和控制都是围绕着决策的制定与实施而进行的。决策的正确与否和效率高低，对组织能否在复杂的环境中发展壮大起到决定性的作用。

**2. 计划**

计划是管理的首要职能，是管理者为实现组织目标而对组织未来活动所进行的筹划，通过对组织内部和外部环境的调研，结合组织的目标，制订长期计划和短期计划、组织的或者个人的计划、一般的或者具体的计划，以便协调各个部门和环节，循序渐进地实现组织的目标。计划包括明确目标、分析内外部环境、评估机会和成本、制定行动方案和备选方案、选择方案并根据实际运行情况进行调整等。

**3. 组织**

组织是管理活动的根本职能，是管理者为实现组织目标而建立与优化组织结构，合理配置组织的各种资源的过程。组织包括设计和建立组织结构、选拔与配备人员、用制度分配职权与职责，以实现组织的人、财、物、信息能够在组织内顺畅流动，并保证其在数量和质量上的匹配，从而提高组织的效率和活力，实现效益最大化。

**4. 领导**

领导是管理中最常见、最关键的职能，指管理者通过与下级的沟通，统一思想，指导及激励下级为实现组织目标而共同努力的一种活动。领导包括选择正确的领导方式、进行有效的沟通、激励并调动下级积极性、解决冲突和问题。组织内部每个成员的目标、个性、素质、价值观和工作职责都不一样，在相互合作中很可能会发生各种矛盾和冲突，这就要求管理者必须具备领导能力，使下级能够围绕组织目标共同努力。

**5. 控制**

控制是监督和指挥各项活动，确保其符合计划并在出现偏差时进行纠正的过程，是根据组织既定的目标和计划，检查其对应的各项、各级计划的实际完成情况并有效纠偏，确保计划的顺利实现，或者对计划进行调整以适应新的形势。

**6. 管理创新**

管理创新是指管理的变革和创造，即通过对生产要素的重新组合，产生和运用新构想、新观念的过程。任何组织的管理从本质上都可以划分为“维持”或“创新”，有效的管理就是在于二者之间“度”的衡量。对一个成熟的组织来说，管理有相对的稳定性，如制度、组织、人员是相对稳定的，但当管理的环境、对象、要素发生巨大变化时，管理上的创新就势在必行，组织必须通过技术创新、管理创新和制度创新，获得持续发展的新动力。例如，当智能手机市场进入高速发展期后，相关手机制造商就应当对产品研发、设备制造、市场营销等工作，以及相应的机构设置、人员配备、管理制度等进行变革和调整，以便把握全新的市场机遇。

理解管理职能还要注意以下几点：

第一，管理的各项职能虽然有明确的界定，但它们是不可分割的统一整体，彼此有很多交叉。

第二，随着时代的发展，人们对管理职能的认识也在不断更新和拓展。

第三，不同组织、不同部门因管理的环境、要素、目标等各不相同，其管理工作也各具特色，因此，管理工作要因时制宜、因地制宜地开展。

第四，同样的管理职能在不同性质的组织和不同的组织层次中，展示的内涵也不尽相同。

## 三、管理的要素

### 1. 管理理念

管理理念即管理观念，又称管理思想，是指管理的基本指导思想和战略目标的导向。一定的管理理念必定受到当时社会的政治、经济、文化的影响，同时又必定折射在管理的各项活动中。从管理理念的历史发展过程看，管理理念经历了古典管理思想、行为管理理念和现代管理理念等阶段。当代管理都在逐步实现由以“物”为中心的管理向以“人”为中心的管理转变。

### 2. 管理方法

管理方法是为实现管理目的而运用的手段、方式、途径和程序等的总称。管理的基本方法包括行政方法、经济方法、法律方法和教育方法。

### 3. 管理组织

管理组织是管理活动的重要载体，组织的有效性是实现管理目标的重要保证，组织目标的实现是通过有效配置组织资源而实现的。

### 4. 管理制度

管理制度是管理的依据和行为规范，是管理者行使管理权、组织日常运作的各种规则的总称。组织系统的正常运行，既要求具有与之相适应的运行载体，即合理的组织形式，又要求具有符合组织及其环境特点的运行制度。

管理制度主要包括产权制度、经营制度和管理制度三个方面。

(1) 产权制度

产权制度是决定组织特别是企业其他制度的根本性制度，它规定了企业最重要的生产要素的所有者对企业的权利、利益和责任。生产资料是企业生产的首要因素，因此产权制度主要是指企业生产资料的所有制。企业制度就是以产权制度为基础和核心的企业组织和管理制度。

（2）经营制度

经营制度是有关经营权的归属及其行使条件、范围、限制等方面的原则规定。它表明组织特别是企业的经营方式，确定谁是经营者，谁来行使企业生产资料的使用权和处置权，谁来确定企业的生产方向、生产内容、生产形式，谁来保证企业生产资料的完整性及如何增值，谁来向企业生产资料的所有者负责以及负何种责任。

（3）管理制度

管理制度是行使经营权、组织日常经营的各种具体规则的总称，包括对材料、设备、人员及资金等各种要素的取得和使用的规定。在管理制度的众多内容中，分配制度是其中极其重要的内容之一，分配制度涉及如何正确地衡量成员对组织的贡献，并在此基础上如何提供足以维持这种贡献的报酬。

产权制度、经营制度、管理制度三者之间的关系错综复杂。一般来说，一定的产权制度决定相应的经营制度。但是，在产权制度不变的情况下，具体的经营方式可以不断进行调整；同样，在经营制度不变时，具体的管理规则和方法也可以不断改进。而管理制度的改进发展到一定程度，会要求经营制度作相应的调整；经营制度的不断调整，又会引起产权制度的革命。

**5. 管理环境**

环境是管理运行的土壤，同时也制约着管理的运行。组织不是单纯地去适应环境，而是在适应的同时去改造、引导，甚至去创造环境。任何组织的管理都处在一定的环境之中，并受到环境的影响。

## 四、管理的重要性

**1. 管理是组织正常发挥职能的前提条件**

组织是由各种要素组成的，这些要素互相作用产生组织的整体功能，但也可能存在冲突。例如，组织中每一个独立个体成员的目标并不完全一致，甚至在一定程度上有可能是相互抵触的，如果没有管理进行协调，就不利于组织整体目标的实现。只有通过管理，使之有机地结合在一起，组织才能正常地运转。因此，管理是保证组织有效运行必不可少的条件。

社会化生产程度越高，劳动分工越专业，社会联系越广泛，就越需要严密科学的管理。组织规模越大，系统越复杂，管理问题也就越复杂。现代化生产体系的运转需要高水平的管理，管理水平跟不上必然会导致组织低效甚至无效运转。

**2. 管理是高效实现组织目标的必要条件**

组织是有目标的，组织掌握的资源是有限的。通过管理合理配置资源，提高资源的使用效率，才能更好地实现组织的目标。

有效的管理可以使组织系统的整体功能大于组织中各要素各自功能的简单相加之和，起到放大组织系统整体功能的作用。

在物质条件和技术条件相同的情况下，由于管理水平不同而产生的效果和效率的差别比比皆是。需要通过各项管理措施寻求各组织要素在各环节的最佳组合，从而发挥这些要素的最大潜能，做到人尽其才，物尽其用。

## 五、管理学的产生和发展

从演变和发展的历史来看，管理学可以分为以下五个阶段：

**1. 管理理论萌芽阶段**（**18 世纪—19 世纪末**）

18 世纪到 19 世纪的工业革命使以机器为主的现代意义上的工厂成为现实，工厂和公司的管理问题越来越突出。对此，早期的管理思想先驱不断开拓解决之法，对管理活动在社会中所起的作用产生了一定的认识。例如，英国的亚当·斯密提出了分工理论。这一阶段的代表人物有亚当·斯密、查尔斯·巴贝奇、罗伯特·欧文、大卫·李嘉图等。

**2. 古典管理理论阶段**（**19 世纪末—20 世纪 20 年代**）

随着工业化大生产的加速，工厂制度日益普及，社会生产规模不断扩大，生产专业化程度日益提高，社会分工和协作日趋深入、复杂，原有的管理方式已经不适应企业发展的需要，企业迫切需要科学的、适应社会化大生产的管理方式，古典管理理论因此应运而生。这一阶段的代表人物主要有弗雷德里克·温斯洛·泰勒、亨利·法约尔、马克斯·韦伯等。其中，泰勒提出了科学管理理论；法约尔对组织管理进行了系统的研究，提出了管理过程的职能划分理论；韦伯提出了理想官僚组织体系理论。

**3. 行为科学管理理论阶段**（**20 世纪 20 年代—20 世纪 70 年代初**）

古典管理理论的发展极大地提高了组织的效率，但其更关注对生产过程、组织控制方面的研究，忽略了人的因素。随着资本主义的发展，工会的力量日益强大，劳资矛盾也逐渐突出，工人反对剥削压迫的呼声高涨。为了解决这一问题，一些学者开始从心理学、社会学等方面出发，研究人的工作动机、情绪与工作之间的关系，以及如何从心理角度激发员工的积极性，从而推动了人际关系学说的兴起和行为科学理论的建立与延伸，主要代表人物有乔治·埃尔顿·梅奥、亚伯拉罕·马洛斯、弗雷德里克·赫兹伯格等。

**4. 现代管理理论丛林阶段**（**20 世纪 70 年代—20 世纪 80 年代**）

第二次世界大战之后，第三次科技革命极大地推动了现代化大生产，管理理论充分吸收了自然科学和社会科学的研究成果，学派林立，百家争鸣，新的管理理论、思想和方法不断涌现。美国管理学家哈罗德·孔茨将这种现象称为“管理理论的丛林”，并将它们归纳为管理过程学派、管理经验学派、社会协作系统学派、决策理论学派、管理科学学派、系统管理理论学派、经理角色学派、权变理论学派、人际关系学派、社会技术系统学派、群体行为学派 11 个管理学派。

**5. 当代管理理论阶段（20 世纪 80 年代至今）**

20 世纪 80 年代后，随着信息技术的发展、知识经济和智能经济的腾飞，市场竞争变得更加激烈，管理也出现了许多新的变化，如管理理念人性化、管理形态知识化、管理组织虚拟化、管理结构扁平化、管理设施网络化、管理手段创新化等。与此相对应，管理学界也出现了一些全新的思想和理论，主要包括企业文化理论、战略管理理论、核心竞争力理论、业务流程再造理论、客户关系管理理论、学习型组织理论、供应链管理理论等。

## 六、管理学的学科特点

**1. 一般性**

管理学是从一般原理、一般情况的角度对管理活动和管理规律进行研究，不涉及管理分支学科的内容和方法的研究。管理学是研究所有管理活动中共性原理的基础理论科学，无论是“宏观原理”还是“微观原理”，都需要以管理学的基本原理为基础，管理学是各门具体管理学科的共同基础。

**2. 综合性**

管理活动的复杂多变性、多样性决定了管理的综合性。从研究内容上看，管理学涉及的领域十分广阔，它需要从不同类型的管理实践中概括出具有普遍意义的管理思想、管理原理和管理方法。从影响管理活动的各种因素上看，除了生产力、生产关系、上层建筑这些基本因素外，还有自然因素、社会因素等；从管理学与其他学科的相关性上看，它与经济学、社会学、心理学、数学、计算机科学等都有密切关系，是一门综合性很强的学科。

**3. 实践性**

管理学是一套能反映管理活动内在规律的理论体系，它从实践出发，揭示管理活动的各种规律，又反过来指导人们的实践，实现管理的预期目标。管理学所提供的理论与方法都是实践经验的总结与提炼，同时，管理的理论与方法必须为实践服务，才能显示出管理理论与方法的强大生命力。

**4. 社会性**

构成管理活动核心要素的管理主体与管理客体都是社会中最有生命力的人，这就决定了管理的社会性；同时，管理在很大程度上带有生产关系的特征，因此没有超阶级的管理学，这也体现了管理的社会性。

**5. 历史性**

管理学植根于社会发展的历史土壤，每一个不同的时代，都有与之对应的管理活动特征和管理思想。管理学是对前人的管理实践、管理思想和管理理论的总结、扬弃和发展，只有全面系统地了解管理和管理学的历史，才能很好地理解、把握和运用管理学。

**6. 艺术性**

管理的实践性、综合性要求管理者必须从实际出发，具体情况具体分析，充分发挥创造性，需要个人的智慧和经验，从这个意义上说，管理学又是一门艺术。在复杂多变的环境中，管理最终是要作用到人而后通过人起到作用，人与人都存在差异，因此管理没有“万能药”。

## 思考与练习

1. 怎样理解管理和管理学的含义？
2. 管理学的基本职能有哪些？
3. 管理为什么重要？

# 第二章　决　　策

## 第一节　决策概述

知识目标

➢ 掌握决策的含义、意义和类型

➢ 掌握决策的原则与影响因素

决策是管理的核心，贯穿于整个管理过程，计划、组织、领导和控制都是围绕着决策的制定与实施而进行的。

### 一、决策的含义

决策的含义有广义和狭义之分。狭义的决策是指对方案的抉择，即从两个或者两个以上的备选方案中选择出一个满意的方案；广义的决策是指发现问题、研究问题、设计方案、选择方案和实施方案，最终实现目标的一个完整而系统的过程。本书所指的决策是广义上的决策。

### 二、决策的意义

随着生产社会化、经济一体化进程的加速，决策在组织中的作用越来越重要，决策的对错和效率高低，对组织能否顺利发展具有决定性的意义。

**1. 决策贯穿于管理的全过程**

计划、组织、领导和控制是管理的四项基本职能，这四项职能的实现都需要决策，决策贯穿于管理的全过程，是各职能实现的根本保证。决策在各项管理职能中的体现见表2—1。

表 2—1　　决策在各项管理职能中的体现

| 管理职能 | 决策的体现 |
| --- | --- |
| 计划 | 目标确定、实现途径、实现难度、资源配置等 |
| 组织 | 组织结构设计、权力分配、职务安排、人员招聘等 |
| 领导 | 冲突解决、赏优罚劣等 |
| 控制 | 绩效偏差管理、危机管理、重大失误控制等 |

### 2. 决策成效关系到组织的生存与发展

组织的管理成效不仅取决于执行力度，更取决于决策的成效。决策的成效体现在决策的正确性和效率两个方面。正确的、高效率的决策可以使组织在有限条件下，用正确的方法做正确的事情，让组织少走和不走弯路、错路，从而使组织成长壮大。错误的、低效率的决策会使组织陷于停滞、内耗、重复、低效，给组织带来损失甚至造成生存危机。

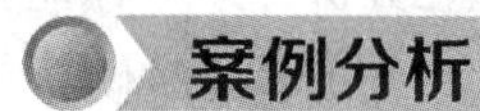


**尼西奇公司的战略决策**

日本尼西奇公司在初期仅有三十余名职工，生产雨衣、游泳帽、卫生带、尿布等制品。由于订单不足，经营不稳，企业有朝不保夕之感。公司董事长多川博从人口普查资料中得知，当时日本每年大约出生 250 万名婴儿，因此存在一个相当可观的尿布市场。多川博决心放弃尿布以外的产品，把公司变成专业生产尿布的公司，集中力量，创立名牌。经过一番努力，尼西奇公司最后成了“尿布大王”，年销售额曾高达 70 亿日元。

尼西奇公司走出倒闭危机成功发展的关键，就在于根据市场需求的变化及时作出了正确的经营决策，对企业定位和经营目标进行了重大调整，收缩战线，在专业化生产的道路上不断发展壮大。

### 3. 决策能力衡量组织管理水平的高低

决策能力是管理能力的核心，因此，决策水平是衡量组织管理水平高低的关键标准之一，提高组织管理能力最重要的就是要提高决策能力。一个组织的管理水平可以体现在很多方面，例如，对人员的合理调配能力、对复杂生产流程的合理控制能力、对组织结构的设计和调整能力等，但如果没有合理的决策机制和高明的决策者，上述这些管理职能都无法实现。从一定意义上说，决策水平的提升就意味着管理水平的提升。

## 三、决策的类型

**1. 按决策的作用范围分类**

（1）战略性决策

战略性决策是指直接关系到组织生存和发展的长远性、全局性决策，一般由组织的高层人员作出。战略性决策要解决的问题较为复杂，多是组织之前没有遇到过的问题，如企业的发展战略、收购与兼并、技术升级、新市场开拓等，一般对组织未来发展影响非常深远，有极其重要的意义。战略性决策需要抓住问题的核心和关键，不需面面俱到和过分在意一些细枝末节的问题。

（2）战术性决策

战术性决策是指组织为了实现战略决策，在方向既定和内容既定的前提下针对具体实施策略作出的决策，一般由组织的中层和基层人员作出。战术性决策一般涉及组织资源的配置问题，决策的目标较为单一，具有局部性和阶段性的特征，灵活性较大，如企业的生产计划和销售计划等。这些问题的目标较为明确，大多可以量化分析，知道有哪些资源和途径，容易预测结果。战术性决策可以采用系统分析的方法，但更多的时候需要借助管理者的实践经验。

**2. 按决策的重复程度分类**

（1）程序性决策

程序性决策又称重复性决策或常规决策，这种决策可以通过借鉴以往的经验或者有章可循的程序、方法解决出现的问题，这些问题结构清晰并且一般经常性地重复发生，因此，与该问题相关的信息较为容易获取或者收集，决策者不需要经过复杂的决策过程及耗费过多的精力，只要依照先例处理即可。例如，处理因为质量问题造成的退货、安排正常生产流程中工人每天负责的任务等。

（2）非程序性决策

非程序性决策又称非定型性决策或非常规决策，这种决策所解决的问题比较独特，无前例可循，或者问题不经常发生，具有极大的偶然性和随机性。因此，决策者需要根据内、外部环境的变化及其他不可量化的因素，开发专门的方案解决此类问题。在此过程中，决策者个人的经验、洞察力和直觉等主观因素对决策有非常大的影响，例如，企业是否开辟并占领一个新的市场，是否对可行性尚未得到证明的项目进行投资等。

需要注意的是，在现实中，完全程序性决策或者完全非程序性决策这类极端的情况非常罕见，大多数决策介于两者之间。相对而言，管理层次越高，决策的问题结构越难以确定，则所作决策越接近于非程序化决策，即组织的高层管理者更多的决策属于非程序性决策，而组织的低层管理者更多的是处理程序性决策，向上级请示不寻常的和困难的决策问题。

### 3. 按决策的主体分类

（1）个人决策

个人决策即单个个体作出的决策，其决策的水平受制于个人的能力、素质、价值观及经验阅历等因素，体现出个人特色，责任明确。

（2）集体决策

集体决策也称群体决策或组织决策，是指多个人一起作出的决策。相对于个人决策，集体决策的优势是：通过彼此交流，能提供更完整的信息，产生更多的备选方案，带来更大的选择范围；更多人的参与使得决策能够获得更多的支持，提高了决策的可接受性，增强了民主性和合法性。

当然，集体决策可能会比个人决策花费更多的时间，在决策群体中也可能存在群体性压力。群体思维的影响容易造成决策被少数人操纵的局面，削弱了批判精神，损害了决策质量。一旦决策失误，也会造成责任不清的问题。

在现代组织中，由于竞争环境的复杂多变和组织成员素质的普遍提升，集体决策更多地用于对重大事项的处理，其效果取决于组织人员的能力和组织的文化特征。

### 4. 按决策的时态分类

（1）静态决策

静态决策又称一级决策或者单项决策，是指一次就把所要处理的问题确定并作出决策，不需要随着事物发展进程，根据可能发生的变化进一步采取对策。

（2）动态决策

动态决策又称多级决策或者序贯决策，是指对所要处理的问题，根据情况的变化多次作出决策。

### 5. 按决策结果的可能性分类

（1）确定性决策

确定性决策是指在各种可行方案所需要的条件已经完全确定的情况下的决策。因为面临的是一种比较确定的状态，所以可选方案的预期结果是相对明确的，决策难度较低，通过比较各个方案，从中选优就能解决问题。

（2）非确定性决策

非确定性决策也称风险性决策，是指方案所需要的条件有些不能确定，导致方案在执行过程中会出现多种可能的结果。对这些结果只能预测发生的概率，而不能作出准确判断，所以决策需要冒一定的风险。不确定的因素越多，决策风险就越大。

### 6. 按决策的起点分类

（1）初始决策

初始决策是指组织根据内外部环境分析，对从事某些活动第一次设定方案，并对未来进行预测。

（2）追踪决策

追踪决策是在初始决策的基础上，借助回溯分析，根据实际情况对方案进行重新调整。环境变化或者是组织对环境特点产生的新的认知，都会对之前的初始决策产生某种程度的干扰和影响，需要在原来方案的基础上进行改良。

**7. 按决策过程的长短分类**

（1）中长期决策

中长期决策时间跨度不定，短至 2~3 年，长至十年甚至更长的时间，风险较大，一般属于战略性决策。

（2）短期决策

短期决策指在不到 1 年甚至更短时间内作出的决策，一般属于战术性决策。

## 四、决策的原则

决策原则是反映决策过程的客观规律和要求，在决策工作中需要遵守的基本准则。决策的原则主要有：

**1. 经济性原则**

经济性原则就是要合理把握决策的投入产出比，即所花代价和取得收益的关系。经济性不是仅指企业经营中常说的“理性人”利润最大化，而是要综合权衡，从全局着眼，把经济效益同社会效益结合起来作通盘考虑，进行决策。

**2. 可行性原则**

可行性原则是指在决策时要认真研究分析制约因素，包括外部条件的制约和决策目标自身的制约。在此基础上，全面考虑和权衡各种得失利弊，全面把握各种备选方案，既要考虑需要，又要考虑可能，进行全面的可行性分析，确保方案能行之有效。需要注意的是，决策必须具有法律上的可行性，即决策内容要符合现行的法律法规，决策程序要符合组织程序和审批手续。

**3. 科学性原则**

科学性原则是指通过树立科学的决策思想，遵循科学的决策程序，运用科学的决策方法，建立科学的决策机制，实现科学的决策结果。现代化大生产和现代化科学技术的兴起，为决策从经验到科学创造了条件，使决策的科学性产生了质的飞跃。

**4. 系统性原则**

系统性原则也称整体性原则，是指把决策对象视为一个整体或系统，以整体或系统目标的优化为准绳，协调整体或系统中各部分或分系统的相互关系，处理好局部效益与整体效益、短期利益与长期利益的关系，实现整体效益最大化。

## 五、决策的影响因素

**1. 组织所处的环境因素**

环境是决策方案产生的载体，也是决策方案得以实现的保证。组织生存和发展于一定的环境之中，组织的决策必然要受到环境的影响。这种影响是双向的，决策也在一定程度上改变环境，如此形成一个动态的过程。决策者必须全面有效地把握环境因素并加以利用，灵活及时地作出相应的对策。

### 2. 组织自身的文化因素

组织在发展过程中会形成一种组织文化，这种文化会制约组织及其成员的行为以及行为方式。组织文化一旦形成，就有很大的惯性，会在思维上限制管理者对行动方案的选择。例如，在可能颠覆原有市场的新事物出现之后，有的大型企业并没有高度重视，就像航空母舰一样转向困难，而那些依靠创新才能生存的小企业对此反应则十分灵敏。

任何决策的制定，都是对过去在某种程度上的否定；任何决策的实施，都会给组织带来某种程度的变化。组织成员受组织文化影响，对这种可能产生的变化会持抵制或欢迎两种截然不同的态度。欢迎变化的组织文化有利于新决策的实施，而抵制变化的组织文化则可能对新决策的实施形成阻碍。因此，选择决策方案必须考虑到改变现有组织文化时可能付出的时间成本和费用成本。

### 3. 所决策问题的性质

决策涉及对问题紧迫性和重要性的判断。

从时间要求的角度，可以把决策的问题分为时间敏感性问题和知识敏感性问题，前者对决策速度的要求远甚于后者，需要紧急处理。在时间压力下，人们可能得不到足够的评价方案所需的信息，无法考虑更多、更全面的方案；时间压力还会诱使人们偏重消极因素，忽视积极因素，仓促决策，从而影响决策的质量。对于知识敏感性问题，其决策效果主要取决于决策的质量，着重强调的是充分利用知识，全面把握机会，保证决策的正确性，对时间的要求并不是很严格。

重要性判断是从问题的影响范围和影响力等角度来进行判断，重要的决策易引起组织高层的高度重视，也可以得到更多的支持。

### 4. 前期决策情况

在多数情况下，组织决策并不是从零开始的初始决策，而是对前期决策的修正和完善。前期决策在执行过程中会伴随着人、财、物等资源的消耗，在此过程中，这种内部状况的变化也会对组织本身和组织的外部环境产生间接影响。这种“非零起点”的决策的执行，会受到制定它们的决策者与现任决策者之间关系的影响。如果二者是同一个人，一般不会发生太大的变化，决策者不愿意对决策进行重大调整，资源会按照计划继续投入；反之，如果二者不是同一个人或者没有高度的共识，前期决策就未必能继续得以执行。

值得注意的是，若是组织以往在某些领域有失败的经历，未来再次踏入此领域时会更加慎重，甚至不愿意再次进入此领域。

### 5. 决策主体的特征

决策是由管理者作出的，人的主体性，即管理者的知识、心理、理念、能力等各种因素在决策中起到非常关键的作用。

管理者对风险的态度以及承担决策风险的心理承受能力十分关键。任何决策都带有不同程度的风险，决策者的理性是有限的，对待风险的不同态度会影响对决策方案的选择。风险偏好者通常会在被迫对环境作出反应之前就采取进攻性的行动，选择风险相对较高而收益也相对较高的行动方案，对新决策可能的结果会以发展的眼光来看待；而风险厌恶者通常会选择安全性较高同时能够保证可靠收益的行动方案，对将要发生的变化产生抵制的心理，不利于创新决策的推广与执行。

管理者的直觉与预感是一种基于其个人的潜意识中积累的长期经验而产生的一种本能性的反应，它能够在无意识的情况下自动进行权衡和调节。虽然在复杂的问题中总难以保证利用直觉判断的合理性，但这种经验决策是将过去类似问题的处理方法套用到当前问题的方式，也有其科学依据，其本质是对在头脑中已经存储的信息以新的形式加以应用。当然，直觉有可能是错的。除非经验中的问题与当前问题十分相似，否则过去被认为是合理的决策，一般不会适合当前的状况。

管理者的能力与价值观也非常重要。企业的管理水平除了在一定程度上受外部条件制约外，主要是由企业领导者的决策行为决定的。企业领导者的决策能力包括判断能力、组织能力、预测能力、协调能力以及领导者个人的价值观和行为偏好等，都对其决策行为产生着不容忽视的影响。决策群体的关系融洽程度也非常重要，当管理者彼此都持有某些偏见时，会形成一种框架效应，这种非理性的影响限制了管理者对合理方案的选择。

**6. 信息的质量和可达性**

决策成功的前提是能够获得高质量的有效信息并加以利用。决策前能否收集到全面的情报和掌握全面的知识，至为关键。现有的决策往往会受到以前收集到的信息影响，导致决策结果出现偏差。这种对信息把握的不完全，即相关因素现状的不全面和未来状态的不确定性，会导致决策者在决策时陷入一种不理性的状态，机械地按照现有决策理论、决策方法来进行决策。

## 第二节　决策的流程与方法

**知识目标**

- 理解和掌握决策的流程
- 理解和掌握决策方法

决策不是一个瞬间的行为，而是一个非常复杂的动态过程，即发现问题，分析问题，解决问题，按照一定步骤和程序进行系统性的判断。

## 一、决策的流程

### 1. 识别问题

决策首先要明确问题所在，即期望实现的理想状况与现实状况之间的差别，这是决策的逻辑起始点和决策成功的前提。问题是动态的，不是完全静止不变的。由于客观事物的复杂性和人的主观认识的局限性，人们对问题的认识是一个持续深化的过程。通过新信息的获得，决策者对问题的看法也会随之发生变化。很多决策失误都是因为没有真正地认识问题，或者把决策的焦点放到了细枝末节的问题上，甚至是错误的问题上。发现问题看似容易，其实是决策过程中最为重要和最为困难的环节。

管理者需要注意形势的发展和环境的变化，对各种影响因素进行缜密的系统分析，主动深入地调查研究，确认问题的内涵与界限，界定问题的性质与特征、深度与广度、严重程度及与其他问题的关联程度，才有可能找到造成问题的真正原因，对事物的发展做出超前、正确的预计，进而解决问题。在此过程中，管理者的素质能力将起到很大的作用。

### 2. 明确目标

在识别问题之后，根据问题的性质和产生的原因，需要明确目标。决策目标是决策者期待达到的决策效果，一般分为两类：一类是必须达到的目标，一类是期待能达到的目标。组织的资源是稀缺的，这就意味着二者在实现过程中受到的资源限制程度不一。决策不仅要保证实现最低限度要求，还要力争达到既定约束条件下的理想目标水平，最高限度和最低标准的边界划分要具体，划分越明确，越有助于下一步的工作。

正确的目标是决策成功的基础。在目标的设定过程中，要结合组织的实际情况，不可过高也不能太低。决策目标的设计要具有可检验性，即执行过程中决策者对其预定实现的状态有具体的量化标准，同时决策目标也能作为决策执行结果是否成功的依据，有助于管理者监督、检查和评价以及明确责任者。

组织的目标具有多元性，这就要求把握好决策目标的系统性，解决好各层次决策目标的结构关系，实现总目标和各种具体目标的综合平衡。不同时期，随着组织管理重点的转移，目标的相对重要性也不一样，管理者要把握住关键目标，避免把主要精力和资源放在细枝末节之中。

**“沙格型”汽车的失败**

1985 年，马来西亚国营重工业公司联合日本三菱汽车公司推出了“沙格型”汽车。

马来西亚政府视之为马来西亚工业的“光荣产品”，然而，该产品在推出后，销量却十分惨淡。

经过研究，专家认为最重要的原因是这款汽车的目标定位出现了问题。当初，政府在决定引进这种车型时，主要考虑的是满足国内的需求。因此，该款汽车在技术上未达到先进国家的标准，无法出口，而马来西亚国内的汽车市场是很有限的。而且，这款汽车的所有配件都从日本进口，在日元升值的背景下，汽车的生产成本急涨。再加上马来西亚当时经济不景气，所以“沙格型”汽车的滞销也就在所难免了。

科学决策的前提是正确确定决策目标，一旦目标错了，就会导致决策失败。“沙格型”汽车的失败，就是由于生产商在目标决策中出现了致命性的失误。

**3. 拟定方案**

明确目标之后，就需要拟定实现决策目标的多种备选方案，在方案设计中要注意详尽性和互斥性的辩证统一。在实践中，将所有的可行方案都列出来是不可能的，只能就现有的资源和能力，列出各种备选方案的约束条件，拟定出较多的方案以备选择，备选方案越多，可选择的余地就越大。

同时，还要注意方案的创造性和横向可比性。这在很大程度上决定了决策的结果，需要管理者具有丰富的经验、广博的阅历、敏锐的洞察力和敢想敢干的魄力，能够对问题进行全面的思考。在此阶段，组织发动群众，利用组织内外的专家，是一种可选的方式。

**4. 评估方案**

拟定方案之后需要对每一个备选方案进行评估分析，考虑其直接结果与附带结果。管理者需要运用科学的方法进行评估，一方面对备选方案的可行性和可能的结果进行深入细致的分析；另一方面，对其效益及风险进行衡量，对各个备选方案的优劣程度做出评判，测算预期效益，分析可能带来的不良后果和引出的潜在问题。

常用的评估方法有经验判断法、数学分析法和试验法等。在评估过程中，不能只考虑备选方案的前景如何光明，还需要注意组织是否具备相应的资源和能力；不能只看短期效益和经济利益，还需要考虑长期效益和社会利益。因为备选方案是面向未来的，因此管理者需要科学预测，综合衡量风险。

**5. 选择方案**

在对所有备选方案进行科学评估后，决策者就要对其进行理性分析，最终选择一个方案进行实施。在选择的时候，注意不要追求面面俱到和完美。由于环境的不断变化和决策者预测能力的局限，以及备选方案在拟定中受到的不完全信息的影响，得到最优解的可能性几乎为零，最终得到的期望结果往往只是一个相对令人满意的次优解。

### 6. 执行方案

执行方案是对方案可靠性的真正考验。在实施过程中，还需要进一步形成有关的计划和预算，规定期限，宣布并解释决策。通过目标管理方法，明确负责实施决策的部门、人员及其各自的责任，分配实施决策需要的资源，制定出相应的具体措施，确保参与人员充分接受和彻底了解方案的执行内容，保证方案的正确执行。

决策是一个动态的过程。由于问题的复杂性和管理者能力的局限性，决策一步到位得以完美实现的概率非常小，常见的情况是决策不能完全符合现实中的情况，这就要求管理者在进入决策实施阶段的时候要注意追踪和监测。执行方案时，也可能会发现事先没有估计到的新问题、新情况，或者发现存在与原定目标偏离的情况，这都需要对方案进行修正。出现新问题或者偏离目标的原因有很多，有可能是客观因素，例如，在方案的拟定过程和评估选择过程中有尚未考虑到的因素，或者用于判断的信息不准确；也有可能是主观因素，例如，执行人员的能力存在欠缺。

需要注意的是，在执行方案的过程中，不能教条化，要根据环境的变化灵活进行调整，必要时可以追溯之前制定决策的步骤。如果问题严重，甚至可能重新开始整个决策，以解决实际问题。

## 案例分析

### 从宠儿变弃儿的“协和”式客机

1962 年，英法两国签署协议，合作研制“协和”式超音速民航客机，其特点是快速、豪华、舒适。经过十多年的研制，耗资上亿英镑，该型客机终于在 1975 年研制成功并投入使用。

但是，与十几年前相比，1975 年的航空市场已经发生了很大变化。受能源危机、生态危机影响，许多乘客和航空公司都改变了需求。乘客的要求是票价不要太贵，航空公司的要求是节省能源，多载乘客，噪声小，但“协和”式客机却不能满足这些要求。“协和”式客机噪声大，飞行时会产生极大的声响，有时甚至会震碎邻近建筑物的玻璃。而且由于燃料价格增长快，飞机的运行费用也相应大大提高。这些情况表明，消费者对这种飞机的需求量不会很大。因此，不应大批量投入生产。但是，由于该项目没有决策运行控制计划，所以也没有重新进行评审；而且，飞机是由两国合作研制的，雇用了大量人员参加这项工作，如果项目中途下马，就要大量解雇人员。

因此，两国对是否要继续生产这种飞机发生了争论，最后，勉强决定继续实施下去。结果，飞机生产出来后卖不出去，原来的“宠儿”变成了“弃儿”。短短数年后，即在 1979 年，“协和”式客机就停产了。

一项决策能否最后取得成功，除了决策本身是否合理，还要看能否对决策运行进行合理及时的控制与调整，包括在决策执行过程中的控制，以及在决策确定过程中各阶段的控制。“协和”式客机由宠儿变成弃儿，就是由于英法两国的航空公司缺乏决策运行控制机制，在出现问题后无法及时族作出正确的决策，导致在错误的道路上越走越远。

**7. 反馈评价**

反馈评价主要是对决策实施结果与期望目标的一致性进行分析，总结经验，找出不一致的原因，为以后的决策提供借鉴，并以规章制度的方式固化加强某些成功的经验。

值得注意的是，虽然可以从理论上把决策过程分成七个独立的步骤，但在实际操作中，这些步骤不是割裂的，而是相互联系、交错重叠的。

## 二、决策的方法

随着管理学理论的发展与管理学实践的演变，决策的方法也不断更新和丰富。决策方法总体上可以分成两大类，一类是定性决策方法，着重对研究对象进行“质”的方面的分析；一类是定量决策方法，着重研究各个要素之间“量”的方面的变化。这种划分方法只是相对而言，两种方法相辅相成，共同为管理者提供决策依据。

**1. 定性决策方法**

定性决策方法又称决策的“软”方法，是在社会科学原理的基础上，通过系统调查研究和分析，根据所掌握的信息，直接利用决策者本人或者充分发挥专家集体的智慧、能力和经验进行决策的方法。这种方法适合于影响因素错综复杂、影响变量较多的综合性问题。在具体决策实践中，常用的有以下几种方法：

（1）头脑风暴法

头脑风暴法由美国创造学家奥斯本于 1939 年首次提出，1953 年正式发表，是一种激发性思维的方法，可分为直接头脑风暴法（通常简称为头脑风暴法）和质疑头脑风暴法（也称反头脑风暴法）。直接头脑风暴法是在专家群体决策时尽可能激发创造性，产生尽可能多的设想的方法；质疑头脑风暴法则是对前者提出的设想、方案逐一质疑，分析其现实可行性的方法。头脑风暴法通常将多人集合在一起，集思广益，敞开思路，畅所欲言，通过创造一种自由思考的氛围，诱发创造性思维的火花，形成共振和连锁反应，从而产生更多的想法和思路。

（2）名义群体法

名义群体法是在决策过程中对群体成员的讨论或人际沟通加以限制的一种方法。决策时，群体成员都出席会议，但群体成员首先进行独立思考，作出个体决策，通过汇总个人偏好来进行小组的决策。名义群体法适用于环境复杂、对问题的性质不完全了解或者意见分歧严重的决策。在问题提出之后，成员集合成一个群体，组织者把要解决的问题的核心关键告知他们，然后每个成员独立思考，写下他对问题的看法，再将自己的想法提交给群体。接着每个成员一个接一个地陈述自己的想法，直到每个人的想法都表达完并记录下来为止。在所有的想法都记录下来之前不进行讨论，最后群体才开始讨论，并对每个想法做出评价和投票，按投票结果进行排序以供决策。当然，管理者有权决定是否采用这些想法。

（3）德尔菲法

德尔菲法也称专家调查法，由赫尔姆和达尔克首创，经过戈尔登和兰德公司进一步发展而成为一种预测、决策方法，是对传统专家会议法的改进。决策机构将所需解决的问题单独发函送到各个专家手中，各专家匿名发表意见，在此过程之中，专家之间不得互相讨论，不发生横向联系，只能与调查人员进行联系。调查人员征询意见后回收汇总并整理全部专家的意见，随后将整理后的综合意见和预测问题再分别寄回给专家，再次征询意见。各专家依据综合意见修改自己原有的意见，然后再汇总。如此多轮反复进行，意见逐渐集中，预测结果逐渐趋向一致，此时再作为专家小组的意见，为决策提供参考。

（4）电子会议法

电子会议法是将专家会议法与互联网技术结合在一起，各位专家通过计算机终端进行交流，即问题显示在各自的计算机屏幕上，各自对问题的看法也输入到各自的计算机中，个人评论和票数统计也显示在屏幕中。各位专家在交流时不能透露姓名，但表达的意见能够快速地在计算机终端显示出来，这样可以使专家减少顾虑，充分地表达想法，不用担心打断别人的意见陈述，并且消除了闲聊和讨论偏题，能够做到匿名、诚实和迅速。当然，打字慢的人可能会受到影响，单纯的文字交流也不像面谈交流，能够获取丰富的非语言信息等。

以上四种方法的共同之处在于都重视发挥专家的作用，包括给专家准备必要的资料，让专家充分地发表意见，积极为他们创造畅所欲言的环境，对专家的意见进行汇总处理等。

四种方法的不同之处在于具体方式的差异。各个专家是否见面，以什么样的形式见面；所需探讨的问题是否交代清楚，采用什么样的方式交底；专家之间的意见如何交流；不同的意见是否需要交锋，如何交锋，是否需要控制等。这些常用的定性决策方法效果比较见表 2—2。

**表 2—2　　定性决策方法效果比较**

| 比较项目 | 头脑风暴法 | 名义群体法 | 德尔菲法 | 电子会议法 |
|---|---|---|---|---|
| 观点数量 | 中 | 高 | 高 | 高 |
| 观点质量 | 中 | 高 | 高 | 高 |
| 社会压力 | 低 | 中 | 低 | 低 |
| 财务成本 | 低 | 低 | 低 | 高 |
| 决策速度 | 中 | 中 | 低 | 高 |

续表

| 比较项目 | 头脑风暴法 | 名义群体法 | 德尔菲法 | 电子会议法 |
|---|---|---|---|---|
| 任务导向 | 高 | 高 | 高 | 高 |
| 潜在的人际冲突 | 低 | 中 | 低 | 低 |
| 成就感 | 高 | 高 | 中 | 高 |
| 执行力 | 不适用 | 中 | 低 | 中 |
| 群体凝聚力 | 高 | 中 | 低 | 低 |

其他的定性决策方法还有提喻法（哥顿法）、淘汰法、累计票数法、环比法等。

**2. 定量决策方法**

定量决策方法又称决策的“硬”方法，是通过构建数学模型，用函数来表示决策有关变量的关系及变量与目标之间的关系，利用软件编程计算出答案，供决策参考。尤其是管理中经常出现的问题，编制成程序后，下次可以继续调用和修正，可以使管理者从日常管理中抽身，把更多的精力放在非程序决策上。

定量决策方法一般可以分为确定型决策方法、风险型决策方法和不确定型决策方法。

（1）确定型决策方法

确定型决策方法假定要解决的问题中，影响因素是明确的，各种参数是确定的，相对比较容易求解。虽然实际中的很多问题严格来说不属于确定型，但其主要的因素能够确定，假如其不确定的因素可以忽略的话，就可以简化成确定型决策。

以线性规划为例，该方法即在一些线性等式和不等式的约束之下，求解线性目标函数最大值或者最小值的方法。该方法广泛应用于军事作战、经济分析和工程技术等方面，为合理地利用有限的人、财、物等资源作出最优决策提供科学的依据。

这种方法通过构造数学模型，列出约束条件及目标函数，画出约束条件所表示的可行域，求得目标函数的最优解及最优值。这种方法常用来解决两类问题：一是在资源确定的前提下，如何进行多目标求解，使经济利益最大化；二是在目标确定的前提下，如何分配资源最为节省。

**例题 2—1**：某企业生产 A、B 两种产品，企业可提供的资源数量、每种产品对应的原材料消耗、工时定额及单位产品利润见表 2—3。

**表 2—3　　某企业产品生产明细表**

| 可供资源名称 | 产品种类 | | 可供资源数量 |
|---|---|---|---|
| | A 产品 | B 产品 | |
| 原材料(千克/件) | 1 | 2 | 2 000(千克) |
| 工时(小时/件) | 2 | 1 | 2 500(小时) |
| 单位产品利润(元) | 200 | 180 | |

**问题**：在现有资源条件下，如何规划A、B两种产品的生产数量才能使企业获得最大的利润？

**解析**：该问题是在资源既定的情况下，求解利润最大化的问题，计算模型包括目标函数和约束条件两部分。

设$X$、$Y$分别为产品A、B的生产量，目标利润为$Z$。

构造模型如下：$Z=200X+180Y$

$$X+2Y \leqslant 2\,000$$

$$2X+Y \leqslant 2\,500$$

$$X, Y \geqslant 0$$

利用图解法或者单纯形法（求解线性规划问题的一种常用方法）进行求解，解得：

$$X=1\,000\text{（件）}$$

$$Y=500\text{（件）}$$

$Z=200\times1\,000+180\times500=290\,000$（元）

随着经济学和管理学的发展，模型的构造也越加复杂，类似的方法还有非线性规划、动态规划、库存论、排队论等，相关数学模型可以在运筹学中进行详细学习。

（2）风险型决策方法

风险型决策方法也称为概率型决策或者随机型决策，是通过对决策方案中涉及的各种自然状态的概率进行估算，得到其期望值，然后进行比较，常用的方法有决策表法和决策树法。

以决策树法为例，决策树是决策树法的基本结构模型，由决策点、方案分支、状态结点、概率分支和结果点等要素构成，如图2—1所示。在图中，小方框代表决策点，由决策点引出的各分支线段代表各个方案，即方案分支；方案分支末端的圆圈叫作状态结点；由状态结点引出的各分支线段代表各种状态发生的概率，叫作概率分支；概率分支末端的小三角代表结果点。

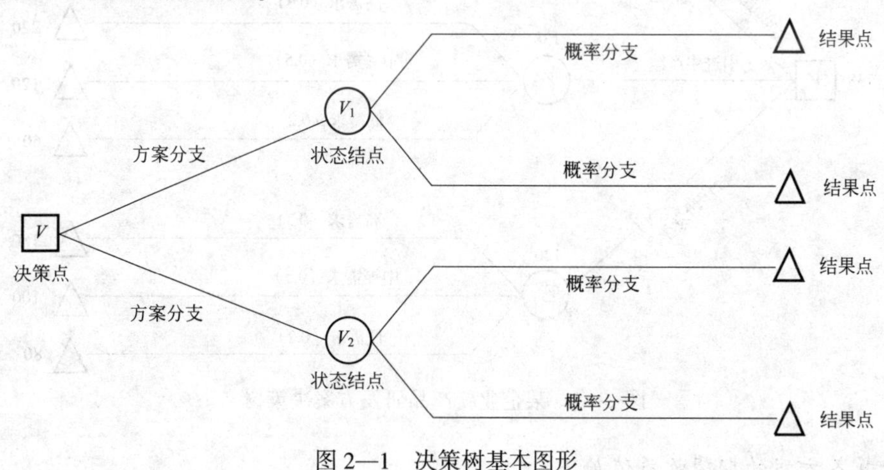


图2—1　决策树基本图形

决策树法的步骤如下：

1）画树。即把一个具体的决策问题，由决策点逐渐展开为方案分支、状态结点，以及概率分支、结果点等。

2）计算。即在决策树中，由树梢开始，经树枝、树干，逐渐向树根，依次计算各个方案的期望收益值。

3）剪枝。即将各个方案的期望收益值分别标注在其对应的状态结点上，进行比较优选，将优胜者填入决策点，用符号“||”剪掉舍弃方案，保留被选取的最优方案。

**例题 2—2**：某企业计划研发一种新产品，有 3 个方案可供选择：一是对原有生产线进行改造，二是直接从国外购进生产线，三是与国内其他企业合作研发。经预测，这种产品的市场需求情况有高、中、低 3 种可能，其发生的概率及各种市场需求状况下每一个方案的估算效益值见表 2—4，该企业应如何作出选择？

**表 2—4　某企业新产品研发方案**

| 需求状态 | | 高 | 中 | 低 |
|---|---|---|---|---|
| 状态概率 | | 0.3 | 0.5 | 0.2 |
| 各方案的估算效益(万元) | 改造生产线 | 200 | 100 | 20 |
| | 购进生产线 | 220 | 120 | 60 |
| | 合作研发生产线 | 180 | 100 | 80 |

**解析**：根据表 2—4 可画出决策树，如图 2—2 所示。

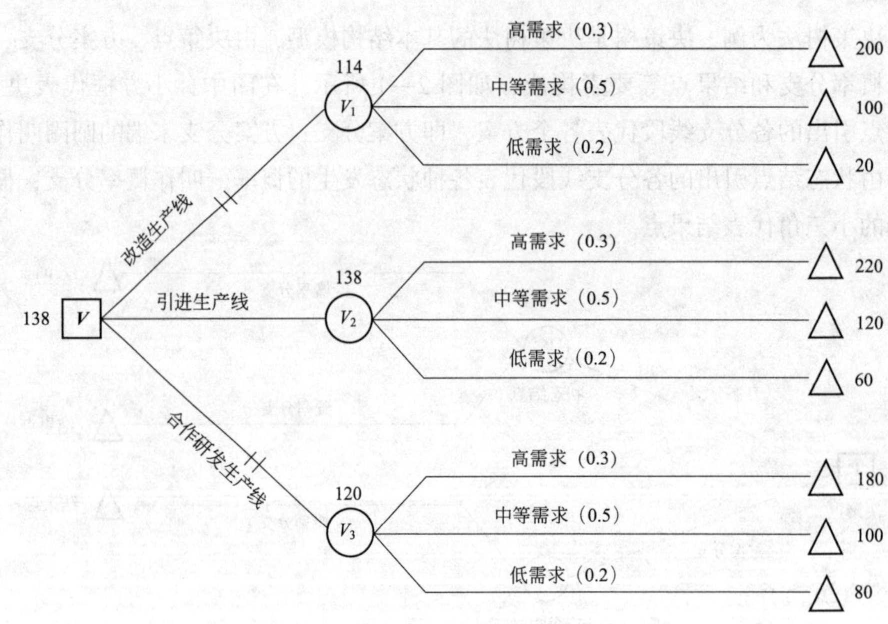


图 2—2　某企业新产品研发方案决策树

计算各方案的期望收益值如下：

状态结点 $V_1$ 的期望收益值为 $EV_1=200×0.3+100×0.5+20×0.2=114$

状态结点 $V_2$ 的期望收益值为 $EV_2=220×0.3+120×0.5+60×0.2=138$

状态结点 $V_3$ 的期望收益值为 $EV_3=180×0.3+100×0.5+80×0.2=120$

因为 $EV_2>EV_1$，$EV_2>EV_3$，所以，剪掉状态结点 $V_1$ 和 $V_3$ 所对应的方案分支，保留状态结点 $V_2$ 所对应的方案分支，即该问题的最优决策方案应该是从国外引进生产线。

（3）不确定型决策方法

不确定型决策方法又称非确定型决策、非标准决策或非结构化决策，是指决策者依靠主观判断和经验阅历进行决策，但无法预计方案实施后可能出现的结果，无法确定各种结果发生的概率。所以，这种决策方法由于各管理者的决策标准不同而有很大的差异。不确定型决策的常用准则有乐观准则、悲观准则、折中准则、最小遗憾准则、等概率准则。

1）乐观准则。也称大中取大法，是一种假定各种状态下最有利的情况必然发生，管理者在计算各方案最好收益的情况下再度追求最大收益的决策方法。采用乐观准则的管理者对损失的反应相对比较迟钝，而对收益的反应更加敏感，会为追求高收益而“孤注一掷”。

2）悲观准则。也称小中取大法，是一种假定各种状态下最不利的情况必然发生，管理者在计算各方案最不利的情况下追求相对收益最大的决策方法。采用悲观准则的管理者对收益的反应相对比较迟钝，而对损失的反应更加敏感，不求有功，但求无过。

3）折中准则。乐观准则过于冒险，而悲观准则又过于保守，多数人的决策是介于二者之间的。为此设定一个系数 $\alpha$（$0\leqslant\alpha\leqslant1$）来反映其乐观和悲观的程度，其决策结果是用 $\alpha$ 和 $1-\alpha$ 加权算出的结果，这就是折中准则，计算公式是：

加权结果 $=\alpha×$ 乐观期望收益值 $+(1-\alpha)×$ 悲观期望收益值

4）最小遗憾准则。也称后悔值法，当某种自然状态出现时，决策者选优时没有选择收益最大的方案，导致产生了某种损失，这个损失就叫后悔值。最小遗憾准则就是算出各种状态下的后悔值后，再找出每一种方案下的最大后悔值，最后选择后悔值最小的方案作为最佳方案。

5）等概率准则。当无法确定某种自然状态的发生概率时，假定它们都相同，并以此计算各个方案的期望收益值，选择最大期望收益值对应的方案，计算公式为：

均等概率 $=1/$ 方案的自然状态数

方案的期望收益值 $=\Sigma$（某自然状态下的收益值×均等概率）

定性分析方法和定量分析方法各有优势和不足，在实际运用中，通常将二者结合起来进行分析，为决策提供更精确的依据。

**例题 2—3**：某企业计划生产一种新型产品，根据预测分析，该产品的销量有畅销、一般和滞销三种情况，产品生产也有大批量、中批量和小批量三种方案，各个方案在各种销售状态下的估算收益值见表 2—5。

表 2—5　　某企业新产品生产收益预测　　万元

| 生产方案＼销量 | 畅销 | 一般 | 滞销 |
|---|---|---|---|
| 大批量 | 35 | 28 | −10 |
| 中批量 | 30 | 25 | 5 |
| 小批量 | 17 | 17 | 17 |

按照乐观准则，各方案期望收益的最大值分别是：

大批量：MAX（35，28，−10）= 35

中批量：MAX（30，25，5）= 30

小批量：MAX（17，17，17）= 17

对三种方案再次求最大收益：

MAX（35，30，17）= 35，故选择此值对应的大批量生产方案，见表 2—6。

表 2—6　　按乐观准则计算收益值　　万元

| 生产方案＼销量 | 畅销 | 一般 | 滞销 | 乐观准则 |
|---|---|---|---|---|
| 大批量 | 35 | 28 | −10 | 35 |
| 中批量 | 30 | 25 | 5 | 30 |
| 小批量 | 17 | 17 | 17 | 17 |

按照悲观准则，各方案期望收益的最小值分别是：

大批量：MIN（35，28，−10）= −10

中批量：MIN（30，25，5）= 5

小批量：MIN（17，17，17）= 17

对三种方案再次求相对最大收益：

MAX（−10，5，17）= 17，故选择此值对应的小批量生产方案，见表 2—7。

表 2—7　　按悲观准则计算收益值　　万元

| 生产方案＼销量 | 畅销 | 一般 | 滞销 | 悲观准则 |
|---|---|---|---|---|
| 大批量 | 35 | 28 | −10 | −10 |
| 中批量 | 30 | 25 | 5 | 5 |
| 小批量 | 17 | 17 | 17 | 17 |

按照折中准则，假设 $\alpha=0.7$，各方案期望收益的加权值是：

大批量：$0.7\times35+0.3\times(-10)=21.5$

中批量：$0.7\times30+0.3\times5=22.5$

小批量：$0.7\times17+0.3\times17=17$

对这三种方案再次求相对最大收益：

MAX(21.5，22.5，17) = 22.5，故选择此值对应的中批量生产方案，见表2—8。

**表2—8　　按折中准则计算收益值　　万元**

| 生产方案＼销量 | 畅销 | 一般 | 滞销 | 折中准则 |
|---|---|---|---|---|
| 大批量 | 35 | 28 | -10 | 21.5 |
| 中批量 | 30 | 25 | 5 | 22.5 |
| 小批量 | 17 | 17 | 17 | 17 |

按照最小遗憾准则，各方案的后悔值见表2—9。

**表2—9　　按最小遗憾准则计算收益值　　万元**

| 生产方案＼销量 | 畅销 | 一般 | 滞销 | 后悔值 | | | 最大后悔值 |
|---|---|---|---|---|---|---|---|
| | | | | 畅销 | 一般 | 滞销 | |
| 大批量 | 35 | 28 | -10 | 0(35-35) | 0(28-28) | 27(17+10) | 27 |
| 中批量 | 30 | 25 | 5 | 5(35-30) | 3(28-25) | 12(17-5) | 12 |
| 小批量 | 17 | 17 | 17 | 18(35-17) | 11(28-17) | 0(17-17) | 18 |

三种方案的最大后悔值分别是27、12、18，再求其最小值。MIN (27，12，18) = 12，故选择此值对应的中批量生产方案。

按照等概率准则，假设畅销、一般和滞销三种自然状态的均等概率为1/3，则各方案的期望收益值分别为：

大批量：(35×1/3)+(28×1/3)+(-10×1/3)= 17.7

中批量：(30×1/3)+(25×1/3)+(5×1/3)= 20

小批量：(17×1/3)+(17×1/3)+(17×1/3)= 17

对这三种方案再次求相对最大收益：

MAX(17.7，20，17)= 20，故选择此值对应的中批量生产方案，见表2—10。

**表2—10　　按等概率准则计算收益值　　万元**

| 生产方案＼销量 | 畅销 | 一般 | 滞销 | 等概率准则下的期望收益值 |
|---|---|---|---|---|
| 大批量 | 35 | 28 | -10 | 17.7 |
| 中批量 | 30 | 25 | 5 | 20 |
| 小批量 | 17 | 17 | 17 | 17 |

## 思考与练习

1. 某公司计划新建一个生产项目，其决策的流程应该怎样设计？
2. 对各种定性分析方法的效果进行比较。
3. 不确定型决策的常用准则有哪些？主要区别是什么？

# 第三章　计　　划

## 第一节　计划概述

**知识目标**

- 掌握计划的含义、作用、分类
- 掌握计划的原理

### 一、计划的含义

在管理学中，计划有广义和狭义之分。广义的计划不仅包括制订计划这一项工作，还包括制订计划之前的前期准备工作（如调研、资料获取）和制订计划之后要进行的执行、检查工作，即与制订计划相关的全过程工作。狭义的计划则主要指制订计划。

计划是组织或个人对未来将要开展的工作的预先安排，是为了达成目标而预先规划的在一定时期内将要实现的方案途径。由此可见，计划的核心工作有两个，一是确定目标，二是确定实现目标的途径。

计划的任务通常可概括为七个方面的内容，简称“5W2H”：

为什么做（Why）：明确制订该项计划的原因和计划实施的可行性。

做什么（What）：明确计划的具体内容和工作要求，分时间段明确工作任务和工作重点。

何时做（When）：细化各项工作的进度，包括开始时间和完成时间，以便能够更好地进行有效控制，并能够对能力和资源加以平衡。

何地做（Where）：在了解计划实施的环境条件和限制因素后，规划计划的实施地点或场所，以便合理安排计划实施的空间场所和布局。

谁去做（Who）：明确负责各项工作的各个主管部门。

怎么做（How）：制定实现计划的措施，制定相应的政策和规则，实现资源的合理分配和集中使用，对人力、生产能力进行平衡，并实现派生计划的多方综合平衡。

做多少（How much）：明确做多少，做成什么样，标准如何，产出如何等问题。

## 二、计划的作用

计划为组织中相关工作人员的工作指明了方向，有利于实现合理分工和协作。

计划有助于管理者预见未来，制定适当的对策，减少组织面对未来的不确定性，以降低风险。

制定计划可以帮助管理者预先发现重复性和浪费性的活动，并加以规避。

计划目标的设定和标准的制定，有利于后续有效控制的开展，以便能够更好地实现组织目标。

## 三、计划的分类

根据计划的期限等不同标准，计划可分为若干种不同类型，见表 3—1。

**表 3—1　　计划的分类**

| 分类标准 | 类型 | 内容和特点 |
|---|---|---|
| 计划的期限 | 长期计划（5 年以上） | 针对组织的长远目标和未来的发展方向 |
| | 短期计划（年度计划） | 与长期计划相反，目标具体，时段明确，进度详尽 |
| | 中期计划（1~5 年） | 介于长期计划和短期计划之间，细化长期计划，指导短期计划 |
| 计划的层次和高度 | 战略计划 | 高层管理者为整个组织设定的总体目标和提高组织在环境中地位的计划 |
| | 战术计划 | 为实现组织总体目标而制订细节性计划 |
| 计划的明确程度 | 具体性计划 | 目标明确、可衡量，但环境适应性较差 |
| | 指导性计划 | 指明方向，指出工作重点，但不提供具体的操作指南，较为灵活却不够明确 |
| 计划相关的组织职能 | 组织计划 | 为完成组织管理目标进行的组织层面的设计 |
| | 人力资源计划 | 人力资源管理目标及实现目标途径的安排 |
| | 生产计划 | 根据生产目标设计的从原材料到产成品的转换过程所涉及的程序安排 |
| | 经营计划 | 为实现经营目标而设计的实现途径的安排 |
| | 财务计划 | 筹资和投资活动的安排 |

## 四、计划的原理

### 1. 许诺原理

从某种意义上讲，计划是对未来将要完成的某项工作所做出的许诺。许诺越大，计划越大，所要完成的工作就越多，耗时也就越长，成本也会越高，有效完成目标的可能性也会随之降低。因此许诺原理的核心观点是许诺不能太大，要针对组织实际情况，确定合理的计划期限。

**2. 限定因素原理**

在计划工作中，有一些因素会限制组织目标，这些因素就是所谓的“短板”。找出这些关键性因素，就能够更加准确、客观地给出可行方案。因此，在计划中应全力找出这些会影响计划目标实现的重要因素，并对其采取具体有效的措施。

**3. 灵活性原理**

灵活性原理要求制订计划时要留有余地，要使计划本身具有适应性，在意外发生时要尽可能地使代价减小到最低。灵活性原理尤其适用于任务量大而繁重、计划期限较长的情况。然而，灵活性原理只是针对制订计划而言，在执行计划时必须依照计划严格、准确地执行。

**4. 改变航道原理**

改变航道原理强调计划的应变能力，计划的制订者应经常结合组织现状和对组织未来的预期，在能够达成计划总目标的前提下，像航海家必须经常核对航线一样，一旦遇到组织环境发生变化，就相应地适当改变实现目标的进程（即“航道”）。改变航道原理的核心思想类似于成语“殊途同归”，即在组织所面临的情况发生变化时，及时对原计划的方法措施加以改变（即“殊途”），亦可实现计划的总目标（即“同归”）。因此，改变航道原理要求制订和执行计划的工作者必须经常检查计划的执行情况，灵活调整、修订计划，以达到计划预期的目标。

# 第二节　计划的程序和编制方法

**知识目标**

- 了解计划的程序
- 掌握计划编制的方法

## 一、计划的程序

制订计划需要遵循一定的逻辑和步骤，安排好计划的程序可以达到事半功倍的效果。计划的程序主要有：

**1. 识别并估量机会**

严格来说，识别并估量机会不是计划工作的一个组成部分，但它是计划工作的真正起点。要通过对机会、威胁、优势、劣势、组织实际能力、将要面临的不确定性因素及其发生的可能性和影响程度等做出正确分析，清晰、完整地估量组织未来的发展机会。

### 2. 确定目标

识别并估量好机会后，需要为组织确定目标。目标是组织期望达到的成果，目标要清晰、明确。要结合组织现状，将组织目标逐级分解，以便落实给各部门、各环节、各员工，最终形成目标结构图。

好的组织目标应该能明确回答如下几个问题：预期的成果是什么，要完成哪些工作，工作的重点是什么，具体都要完成什么任务，这些工作的绩效用什么标准来衡量。

### 3. 确定重要的前提条件

确定重要的前提条件就是对计划的前提条件做出假设，即确定计划实施时的预期环境。重要的前提条件有：能够说明事实性质的预测资料、可能涉及的基本政策和已经制订的工作计划。制订计划的工作者对计划的前提条件了解得越透彻，计划就能制订得越全面细致。

### 4. 拟定可供选择的方案

实现目标的方案往往有很多，然而，表面上很好的方案，却不一定是最好的方案，看起来不太显眼或另辟蹊径的方案，结果也许是最佳的。因此，需要分析并找出可行的方案。同时，还应对可供选择的方案数量进行限制，必要时可考虑使用排除法，以便将主要精力集中在少数很有希望并且可行的方案上。

### 5. 评价可供选择的方案

在拟定方案后，就要权衡它们的利弊、优劣，对拟定的方案加以评估。方案的选择不能只单纯地关注收益，还需要看资金投入量、资金回收周期、风险性、是否符合公司长远目标等，可运用运筹学中的一些方法进行评价和比较。然而，有一些信息是难以被量化的，因为还存在许多不确定性因素、可变因素、限制条件等，会导致评估困难。总体来说，评估方案时应重点关注制约因素和隐患、总体效益和损失、可量化和不可量化的因素等。

### 6. 选定方案

在完成方案评价，充分考察各方案的优缺点后，就可以选定行动方案。

可能会出现有两个以上可取方案的情况，此时必须确定首先采取哪个方案，其他方案可作为备选方案，但仍需对选定的方案进行细化和完善。

### 7. 拟定派生计划

总计划需要有派生计划作支撑。拟定派生计划即拟定总计划下面的各个分计划。

### 8. 编制预算

编制预算就是把计划转变为预算，将资源通过数字来预先加以分配。好的预算有助于计划的顺利实施，并为计划的执行、控制提供重要的标准。

## 二、计划编制的方法

### 1. 甘特图

甘特图是一种通过活动列表和时间刻度表表示特定项目实施顺序和进度的条形图。

甘特图的绘制步骤是：

首先，将活动在图的左侧纵向列出。

其次，将时间在图的顶部和底部横向列出。

最后，在图上绘制表示活动预期工期长短的线段，用以体现每项活动需用的时间。

此外，还可以在图中插入列，用以表示每项活动的负责人、预算或其他信息。

在绘制甘特图时应当注意两点：一是绘制者必须清楚活动之间的相互关系；二是在活动被延误的情况下，甘特图不能明显地表示出其他哪些活动会受到影响。

图 3—1 为某单位施工计划甘特图。

| 项目 | 预算（万元） | 2016 年 | | | | | | | | | | | | 2017 年 | | |
|---|---|---|---|---|---|---|---|---|---|---|---|---|---|---|---|---|
| | | 1 | 2 | 3 | 4 | 5 | 6 | 7 | 8 | 9 | 10 | 11 | 12 | 1 | 2 | 3 |
| A | 23 | | | | | | | | | | | | | | | |
| B | 5 | | | | | | | | | | | | | | | |
| C | 7 | | | | | | | | | | | | | | | |
| D | 15 | | | | | | | | | | | | | | | |
| E | 11 | | | | | | | | | | | | | | | |

图 3—1　某单位施工计划甘特图

### 2. 计划评审技术（PERT 网络分析法）

PERT（Program Evaluation and Review Technique）是利用网络分析制订计划并对计划予以评价的技术，它能协调整个计划的各道工序，合理安排人力、物力、时间、资金，加速计划的完成。在现代计划的编制和分析时，PERT 被广泛使用，是现代化管理的重要手段和方法。PERT 网络图用来描述项目所含各事件的先后次序，在路径上标明每个事件所耗的时间或相关成本。运用 PERT 网络分析方法需要先明确什么是紧前事件，紧前事件即紧挨着该事件之前发生的事件，在紧前事件完成后，该事件才能开始。

PERT 网络图的绘制步骤是：

首先，明确关键事件的先后次序。

其次，用带箭头的线连接各项活动，画出 PERT 网络图。需要标明“开始”和各事件标号。

再次，在带箭头的线上标明各项事件所耗时间或相关成本。

最后，找出关键路径。关键路径即所耗时间最长的路径，即将路径上各个事件的耗时或相关成本加总，其中耗时或相关成本之和最长的路径即为关键路径。

绘制 PERT 网络图时应注意，如果需要将原计划的完成时间缩短，就要在认真分析后谨慎缩短关键路径上的事件所要耗费的时间。

**例题 3—1**：试分析表 3—2 中的各事件，完成 PERT 网络图的绘制，并为其寻找关键路径。

**表 3—2　　某事件情况表**

| 事件表示符号 | 紧前事件 | 时间（周） |
|---|---|---|
| A | 没有 | 2 |
| B | A | 2 |
| C | A | 1 |
| D | B 和 C | 3 |

1. 根据事件的先后次序，绘制 PERT 网络图。A 的紧前事件没有，意味着 A 是第一个发生的事件。D 的紧前事件是 B 和 C，意味着箭头由事件 B 和 C 指向 D。此外，还需注意标明“开始”和各事件标号。

2. 在带箭头的线上标明所耗时间。绘制完成后的 PERT 网络图如图 3—2 所示。

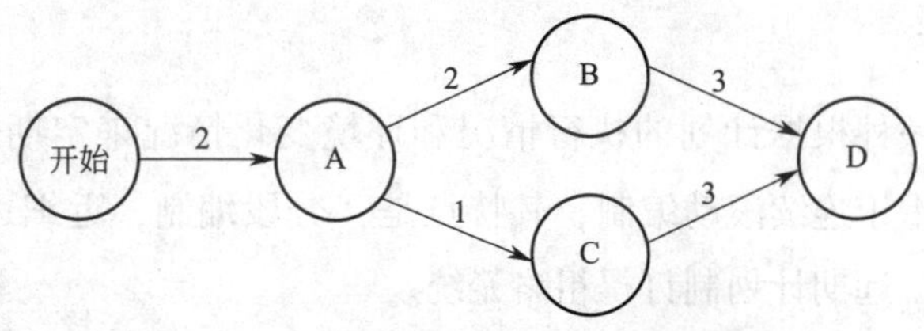


图 3—2　例题 3—1 的 PERT 网络图

3. 找出关键路径。路径有两条，一条是 A-B-D，其长度为 2+2+3=7（周）；另一条为 A-C-D，其长度为 2+1+3=6（周）。关键路径为最长的路径，即 A-B-D，长度为 7 周。

**例题 3—2**：某事件情况见表 3—3，需要确定完成所有事件需要多长时间。试绘出其 PERT 网络图，并找出其关键路径。

表 3—3　　某事件情况表

| 事件 | 紧前事件 | 耗时（周） |
| --- | --- | --- |
| A | — | 2 |
| B | A | 3 |
| C | B | 3 |
| D | C | 5 |
| E | C | 4 |
| F | D，E | 6 |
| G | D | 2 |
| H | F | 4 |
| I | G，H | 2 |

1. 根据事件的先后次序，绘制 PERT 网络图，并需注意标明“开始”与各事件标号。

2. 在带箭头的线上标明期望时间。绘制完成后的 PERT 网络图如图 3—3 所示。

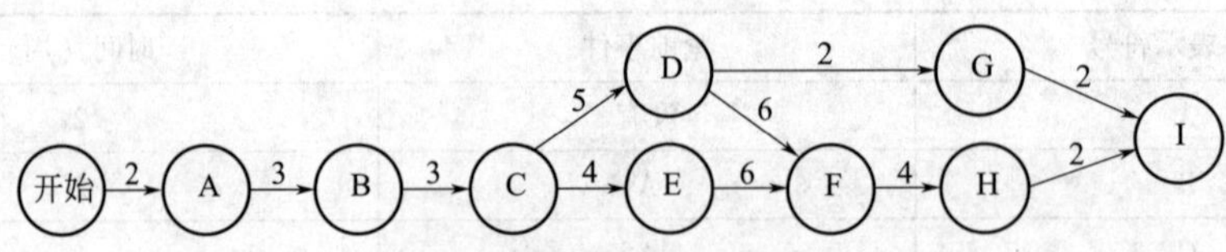


图 3—3　例题 3—2 的 PERT 网络图

3. 找出关键路径。图 3—3 中路径有 3 条，一条是 A-B-C-D-G-I，其长度为 2+3+3+5+2+2＝17（周）；一条为 A-B-C-D-F-H-I，其长度为 2+3+3+5+6+4+2＝25（周）；一条为 A-B-C-E-F-H-I，其长度为 2+3+3+4+6+4+2＝24（周）。关键路径为最长的路径，即 A-B-C-D-F-H-I，长度为 25 周。在这条路径上的任何事件发生延迟，都会延迟整个项目的完成时间。

### 3. 滚动计划法

滚动计划法是一种根据计划的执行情况和环境变化情况来定期修订未来计划的方法。滚动计划法侧重于连续滚动编制，其特点是“分段编制，近细远粗”，即将近期计划制订得详细具体，远期计划制订得粗略笼统。

### 4. PDCA 循环法

PDCA 循环也称戴明环，它是计划（Plan）—实施（Do）—检查（Check）—处理（Action）的管理循环，如图 3—4 所示。

（1）第一个阶段：计划阶段（P）

计划阶段的主要内容是制订目标与计划，确定质量目标、活动计划、管理项目和措施方案等内容。具体步骤是：

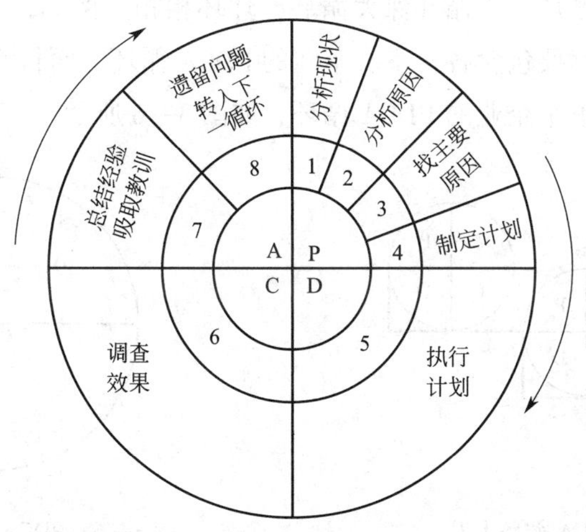


图 3—4 PDCA 循环示意图

1）分析现状，找出存在的质量问题。

2）分析产生质量问题的各种原因和影响因素。

3）从各种原因中找出造成质量问题的主要原因。

4）针对造成质量问题的主要原因，制定改进措施方案，提出解决问题的计划并预测预期效果，然后具体落实到执行者、时间进度、地点和完成方法等各个方面。

（2）第二个阶段：执行阶段（D）

执行阶段即对任务的展开，依据计划进行具体的组织实施。

（3）第三个阶段：检查阶段（C）

检查阶段需要确认执行时是否是依照计划及其进度来执行的，主要是在计划执行过程中或执行之后，对关键点和最终结果进行检查，确定执行是否彻底、是否符合预期结果。

（4）第四个阶段：处理阶段（A）

处理阶段的主要工作是纠正偏差，对成果及新作业程序的实施加以标准化，以确保之前出现过的问题不会再次发生。处理阶段包括两个工作步骤：一是总结经验教训，巩固成绩，处理差错；二是将未解决的问题转入下一个循环，作为下一个循环的计划目标。

PDCA 循环具有以下三个特点：

一是 PDCA 循环的四个过程不是一次运行就能完结的，而是周而复始、不断循环的过程，即 PDCA 循环在第一个 P→D→C→A 结束后，将它最后一个步骤 A 中所遗留的问题转入第二个 P→D→C→A 中去，第二个 P→D→C→A 的 A 中所遗留的问题再转入第三个 P→D→C→A 中，如此不断地循环。可以看出，PDCA 循环是在不断地总结经验，从而促使产品质量或工作质量得到不断提高。这就如同爬楼梯，每完成一个 PDCA，质量水平就上升了一个台阶，因此 PDCA 循环所实现的效果是不断上升的，如图 3—5 所示。

二是大循环套小循环，小循环保大循环，环环相扣。例如，企业是一个有机整体，企业的 PDCA 循环必然要包含各科室、车间的 PDCA 循环，而科室、车间的 PDCA 循环必须服从并最终保障整个企业的 PDCA 循环，如图 3—6 所示。

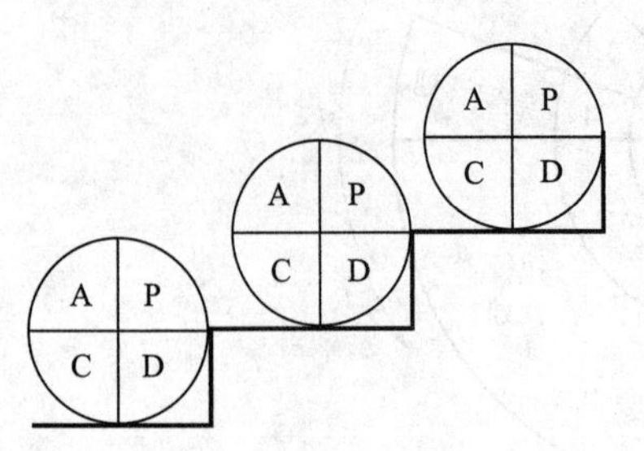

图 3—5 PDCA 循环上升

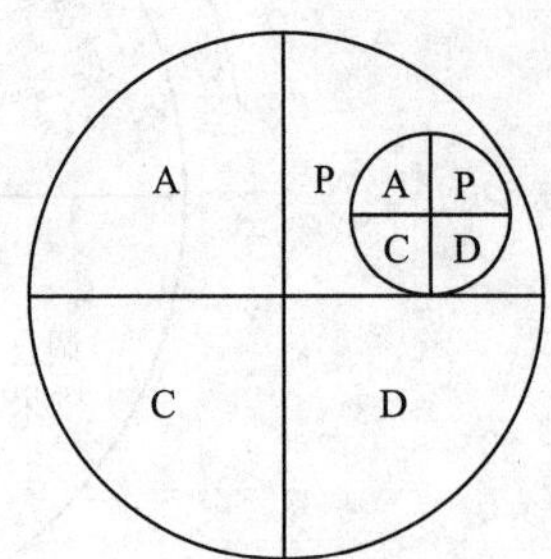


图 3—6 PDCA 大循环与小循环

三是 PDCA 循环是一个综合性的循环，P、D、C、A 四个阶段的划分只是相对的。在实际循环中可能是边计划，边实施；边实施，边检查；边检查，边总结，边调整计划，而不是机械地按照 P、D、C、A 的顺序去执行。

## 思考与练习

1. 计划任务中的“5W2H”是什么含义？

2. PDCA 循环有哪些特点？

3. 试为自己本学期的学习编制一份详尽的计划，写明每个计划程序中应完成的任务和目标，并写出为实现各程序所应完成的事前工作有哪些。

# 第四章　组　　织

## 第一节　组织概述

**知识目标**

- 理解组织的含义、类型和要素
- 理解组织变革与创新的内容与过程

### 一、组织的含义和类型

#### 1. 组织的含义

广义上的组织是指由诸多要素按照一定方式构造而成的系统。狭义上的组织是指人们为了实现一定的目标，互相协作集合而形成的集体或团体，如企业、党团组织、工会组织、军事团体等。狭义上的组织专门指人群，运用于社会管理之中。

在现代社会生活中，组织是人们按照一定的目的、形式和任务配置而成的社会集团，组织不仅是社会的细胞和基本单元，而且是社会的基础。管理学中的组织主要是针对企业而言的狭义性质的组织。

#### 2. 组织的类型

按照不同标准，组织可分为多种类型，见表4—1。

**表4—1**　　组织的类型

| 分类标准 | 组织类型 |
| --- | --- |
| 组织活动的受惠者 | 互利组织、服务组织、公益组织 |
| 组织是否自发形成 | 正式组织、非正式组织 |
| 组织的性质和目的 | 政府组织、政党组织、企业组织、无政府组织 |
| 组织的活动内容和功能 | 社会组织、政治组织、经济组织、文化组织、军事组织 |
| 组织的活动领域和目标 | 公共组织、非公共组织 |

其中，正式组织是指为了有效实现组织目标而规定组织成员之间权责范围和相互关

系的一种结构。正式组织通常是经国家授权或法律直接规定而形成的一种有形组织。

## 二、组织的要素

组织要素是指组成组织系统的各个部分，是组织最基本的单位。组织要素决定了组织的结构、功能和特点。区分和研究组织要素及它们之间的相互关系，有利于对组织成员及其相互关系进行预测和调节。

**1. 组织要素理论**

（1）古典组织要素理论

早期的组织理论形成于20世纪20年代前后，主要侧重于静态组织的研究，注重组织效率。马克斯·韦伯的思想决定了古典组织理论的主流观点。他认为，任何组织都是以某种形式的权力为基础，没有权力的作用，组织就不能达到目标。在有适合组织的权力基础上，韦伯勾画出理想官僚组织是一个层层控制的金字塔式的组织结构体系。组织成员间的关系只有对事的关系而无对人的关系，完全以理性的、制度化的准则为指导。因此，韦伯从组织构成基础的视角，认为组织本质的构成要素就是权力，一切组织管理均以权力为基础，权力是组织的隐性要素；管理过程中的权力来源于制度，制度是组织管理过程中的主要显性要素。

韦伯的组织要素理论是基于他所理解的组织的本质，而这种认识本身具有一定的局限性。他将组织看作一个封闭的系统，只注重组织内部的适应性，强调"大棒加胡萝卜"的组织管理方式，只注重正式组织和人的低层次需求，而忽视了非正式组织和人的高层次需求。

（2）现代组织要素理论

20世纪30年代后，组织理论蓬勃发展，组织的研究由静态转向动态。现代组织理论认为组织是一种开放的、充满决策的系统，强调组织对外部环境的适应和组织内部结构的协调。同时，它也强调组织成员的价值和期望，重视人性、人与人之间的协调、个人与群体的协调及群体与群体之间的协调。其中，社会学派和系统管理学派对组织要素的研究最具代表性。

1）社会学派的组织要素划分。社会学派创始人巴纳德认为，组织是有意识地协调两个以上的人的活动或力量的一个体系。社会各级组织都是一个协作的系统，它们都是社会这个大协作系统的某个部分。组织需要和整个外界环境达到平衡，既要有效地满足组织目标，又要能满足个人动机。从这一视角，巴纳德提出了组织的三个基本要素：信息交流、做贡献的意愿和共同的目的。对于任何级别、任何规模的正式组织，这三者都是缺一不可。

巴纳德的研究揭示了组织的部分本质，即组织的存在是由于组织可以通过人与人的有效协作来达到单凭个人努力所无法达到的目标。但他对组织要素的划分也有一定的局限性，首先，他过分强调组织中人的因素，而忽视了其他物质要素的存在；其次，虽然他在组织的整个理论体系中强调了社会协作大系统，但对组织要素的区分还只局限于组织协作体系内，将组织看成是封闭的系统，忽视了对组织的外部要素的研究。

2）系统管理学派的组织要素划分。弗莱蒙特·E. 卡斯特和詹姆斯·E. 罗森茨韦克认为，组织是由各个子系统有机联系组成的系统，构成组织的系统具有开放性和整体性，组织要生存和发展，除了要保持系统内的均衡，还要与外界环境不断地相互影响，相互作用，保持动态平衡。

**2. 组织要素的构成**

组织是一个开放的，具有特定目的的协作系统。组织具有系统性、开放性、目的性和协作性的特征。根据这些特性，组织要素可分为组织外部环境、组织内部环境、组织目标、管理主体和管理客体。

（1）组织外部环境

组织外部环境是指组织所处的社会环境。任何组织都处于一定的外部环境中，并与外部环境发生着各种关系。外部环境分为一般外部环境和特定外部环境。

一般外部环境包括社会、人口、政治、经济、文化、法律、技术、资源等。这些因素对组织的影响是间接而长远的。

特定外部环境主要是针对企业而言的，包括供应商、竞争者、顾客、政府和社会团体等。特定外部环境对企业组织的影响是直接而迅速的。

美国学者迈克尔·波特于 20 世纪 80 年代初提出了五力分析模型（见图 4—1），可以用来有效地分析企业的竞争环境，以便企业制定竞争战略，该模型对企业战略的制定产生了深远影响。其中的五力分别是指：供应商的议价能力、购买者的议价能力、潜在竞争者进入的能力、替代品提供者的替代能力、行业内竞争者的竞争能力。五种力量的不同组合变化，最终影响行业利润变化。

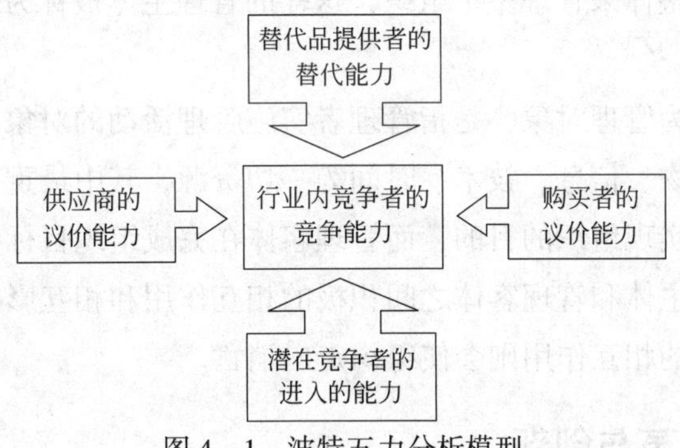


图 4—1 波特五力分析模型

外部环境从总体上来说是不易控制的，但它的影响却非常大，有时甚至能影响整个组织结构的变动。对外部环境进行分析，目的是寻找出在这个环境中可以把握住哪些机会，需要回避哪些风险，以保证组织顺利发展。

（2）组织内部环境

组织内部环境是指由组织内部的成员或群体间的关系模式所形成的环境，如制度环境、文化环境等。组织内部环境须和外部环境发展步调一致。由于外部环境的发展具有极大的不确定性，因此组织必须根据外部环境的变化不断调整内部环境，使组织的内外要素相协调。

（3）组织目标

组织目标是指一个组织未来一段时间内要实现的目的，它是组织中全体成员的行动纲领，是管理者进行组织决策、效率评价和考核的基本依据。任何一个组织都是为了特定的目的而组成的，目标是组织形成最重要的条件，组织目标是得到组织所有成员认同的共同愿望。巴纳德认为，当两个或更多的人为一个共同的目的而协作时，组织就形成了。

组织必须有一个明确的、贯穿于各项活动的统一目标，该统一目标通常有若干子目标支撑，构成一个完整的目标体系。例如，一家企业的总体目标包括：保持一定的市场占有率、投资回报率和利润率，保证产品的竞争优势，达到本行业中的竞争优势地位等。在组织的总目标之下常常有好几个层次的分目标，构成分层目标体系，各个层次的目标又相互关联、相互制约，共同反映组织的整体特征。

（4）管理主体

管理主体是指掌握管理权力，承担管理责任，决定管理方向和进程的有关组织和人员。在管理实践中，管理主体基本上是由参加管理活动的人或人群组成的，这些人或人群具有一定的管理能力，拥有相应的权威和责任，从事现实管理活动。在小生产时期，各级管理人员往往集决策、指挥、控制、监督等各项职能于一身，组织的管理主体通常就是组织所有者，单个的管理主体被称为管理者。而在现代化大生产中，伴随着组织规模的扩大，组织的管理并非是由一个管理者单独完成，而是由许多人按一定职能组织起来，构成一个系统的整体来管理整个组织，这样的管理主体被称为管理系统。

（5）管理客体

管理客体也被称为管理对象，是指管理者实施管理活动的对象。在组织中，管理对象主要是指人、财、物、信息、技术、时间等一切资源，其中最重要的是人力资源。管理主体领导管理客体实现组织的目的，而管理客体在完成组织目标的同时又对管理主体产生反作用力。管理主体和管理客体之间积极的相互作用和相互影响能使组织更好地实现组织目标，而消极的相互作用则会使组织走向消亡。

## 三、组织的变革与创新

组织的变革和创新是指组织根据内外环境的变化，及时对组织的管理理念、工作方式、组织结构或人员配备等方面进行调整、改进和革新的过程。

**1. 组织变革和创新的原因**

组织变革是一项“软任务”，即组织结构即使不变也能运转。因此，正确把握组织变革的时机非常重要。组织变革的原因主要有：

（1）频繁的决策失误

偶发性的决策失误并不能够成为管理者考虑组织变革的原因，但组织在一段时间内若出现频发性决策失误，就应该引起管理者足够的重视。决策失误是由各种原因造成的，但其根源是组织问题。组织结构不合理、职权委任不合适、职责含糊、命令混乱等，都会造成组织频繁的决策失误。

（2）经营状况恶化

如企业的市场占有率下降，产品质量下降，成本过高，资金周转不灵等。

（3）组织创新能力缺乏

一个组织只有不断地拥有突破性的战略预见、超前性的行动措施和创造性的新成果，才能拥有旺盛的生命力，否则就会落后于形势。如果组织缺乏新的战略和适应性措施，缺乏新的产品和技术更新，没有新的管理办法或新的管理办法推行困难，就应该进行组织变革。

（4）组织成员沟通不畅

当主管人员与下属之间不能有效地沟通，或者因管理层次过多增加了命令和信息失真的可能性时，成员间的协调和配合减少，而冲突、摩擦和误会增加。员工士气低落，不满情绪增加，离职率增加。

此外，组织内部纪律涣散、奖惩不明、任人唯亲等现象，都是组织需要变革的原因。

**2. 组织变革和创新的内容**

（1）职能结构的变革与创新

职能结构的变革与创新是指转变组织结构的形式，如从直线职能型转变为矩阵制、事业部制或网络型结构。

（2）管理体制的变革与创新

管理体制的变革与创新是指重新调整组织内各部门间责权利的关系，重新制定或修订规章制度，以便从制度上保证管理的质量，提高工作效率。如某工厂将管理重心下移至班组，推行班组长负责制，以便最了解现场的人员在现场能以最快速度解决问题。

（3）管理行为的变革与创新

管理行为的变革与创新包括各种规章制度的增加或修订，如修订员工绩效考核制度。

（4）运行机制的变革与创新

组织应建立一套能够有效进行指挥、决策、控制、信息反馈的系统，使组织内部各个环节、各类管理人员、技术人员、各职能部门等成为一个有机协调的整体。如某企业改革原有自上而下进行考核的旧制度，实行上道工序由下道工序考核、辅助部门由主体部门评价的新体系，最终提高了企业整体效益。

(5) 跨组织联系的变革与创新

跨组织联系的变革与创新是指重新调整组织与外部环境的关系，重新整合与组织相关的外部优势资源，推进组织间联系的网络化。这是当前组织创新的一个重要方向。

## 案例分析

### 通用汽车的组织创新

1920—1921 年美国经济危机期间，通用汽车公司在管理上的问题日益暴露，公司危机四伏，摇摇欲坠，副总裁斯隆随之开始了持续十年的改革。

斯隆分析了公司的弊病，指出公司过去将管理权集中在少数高级领导人身上，他们事无巨细，大包大揽，反而事与愿违，造成了公司各部门失控的局面。他认为，大公司应以集中管理与分散经营二者之间的直线管理为基础，在这两种体制之间取得平衡，只有把两者的优点结合起来，才能获得好的管理效果。

根据这一思想，斯隆改革了公司的组织机构，并第一次提出了事业部制的概念。他将管理部门分成参谋部和前线工作部，前者在总部工作，后者负责各个方面的经营活动。并且，斯隆在通用汽车公司创造了一个多部门的结构，他将力量最强的汽车制造单位集中成几个部门。斯隆认为，通用汽车公司应当开发出一系列定位有明显区分的产品，在各条战线上应对挑战。

斯隆认为，通用汽车公司的各个品牌包括凯迪拉克、别克、奥克兰、雪佛兰应当独立发展，每个不同品牌的汽车都应有自己专门的管理人员，每个单位的总经理相互之间必须尽心合作。例如，生产别克牌汽车的部门与生产奥兹莫比尔牌汽车的部门都要生产零件，其价格和样式有重叠之处。这样，买别克车的顾客可能对奥兹莫比尔车也感兴趣，反之亦然。斯隆希望在保证竞争的有利之处的同时，也享有规模经济的成果。与此类似，零件、卡车、金融和通用汽车公司的其他单位都有较大程度的经营自主权。也就是说，通用汽车公司虽然成为了一架巨大的机器，但斯隆力图使它具有较小公司所具有的激情和活力。

斯隆的变革产生了效果。1921 年，通用汽车公司生产了 21.5 万辆汽车，占国内销售额的 7%。1940 年，该公司产车 180 万辆，占到国内总销量的一半。

### 3. 组织变革的过程

组织变革是一个过程。心理学家库尔特·卢因提出了一种三步骤变革过程的分析方法，即“解冻—变革—再冻结”的变革模型。该模型从变革的一般特征出发，总结出组织变革需要经历三个基本阶段（见图4—2），得到广泛的认可。

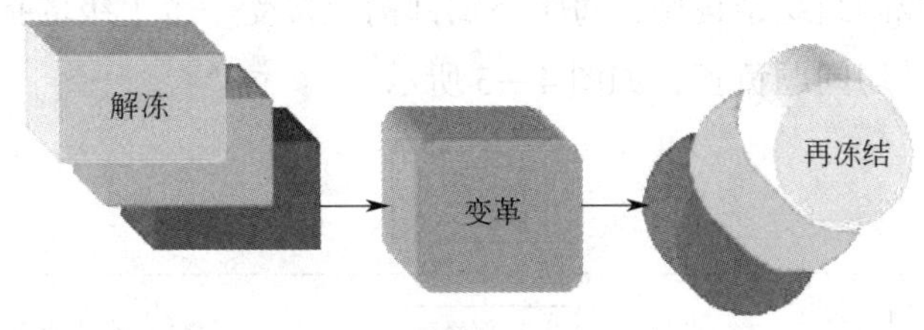


图4—2 组织变革过程

第一阶段：解冻（unfreezing）

解冻是打破旧的平衡，创造变革的动力。管理者要清醒地意识到，旧的方式已经对组织发展形成阻碍，需要下决心与旧的组织方式决裂。当然，破旧立新本身需要壮士断腕的勇气和决心，更需要合理的方式和合适的方法。

第二阶段：变革（changing）

这是指明改变的方向，具体实施变革，以及使成员形成新的态度和行为的阶段。变革的首要步骤是将整个组织团结在一个凝聚人心的愿景之下。这个愿景既包括对组织使命、组织哲学和战略目标的描述，也包括为了实现上述种种目标而要做的具体努力。组织变革的过程就是创造并拥有一种未来愿景，并综合考虑达成这一目标所需要的具体步骤。

第三阶段：再冻结（refreezing）

再冻结旨在稳定变革成果。这是对支持组织变革行为的强化。

# 第二节 组织结构

**知识目标**

- 掌握组织结构的含义和类型
- 掌握每一种组织结构的特点及适用对象

## 一、组织结构的定义

狭义的组织结构是指组织内的全体成员为实现组织目标而进行分工协作，从而在职务范围、权力和责任方面所形成的结构体系，广义的组织结构还包括组织之间的关系类型，如专业化协作、企业集团、经济联合体等。

## 二、组织结构的类型

### 1. 直线制组织结构

直线制组织结构是最早使用也是最简单的一种组织形式，其特点是组织内各级部门从上到下实行垂直领导，呈金字塔形结构。它是一种集权式的组织结构形式，又被称为军队式结构。在直线制组织结构中，每个下属部门仅接受一个上级的指令，每一级负责人对其所属单位的一切问题负责，如图 4—3 所示。

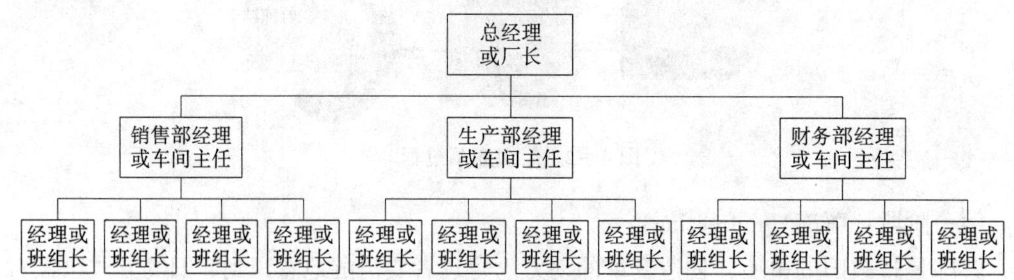


图 4—3 直线制组织结构图

该结构的优点是：结构简单、责任明确、命令统一。

该结构的缺点是：缺乏横向的协调。它要求负责人掌握多种知识和技能，亲自处理各种业务。在业务比较复杂、企业规模比较大的情况下，把所有的管理职能都集中到最高主管一人身上，最高主管是很难胜任的。

直线制组织结构适用于规模不大、人数不多、生产和管理比较简单的组织，对比较复杂的组织不适用。

**2. 职能制组织结构**

职能制组织结构也被称为 U 型组织结构，或多线制组织结构、职能型组织结构。该结构起源于管理学家法约尔在其经营的煤矿公司担任总经理时所建立的组织结构形式，又被称为“法约尔模型”，如图 4—4 所示。

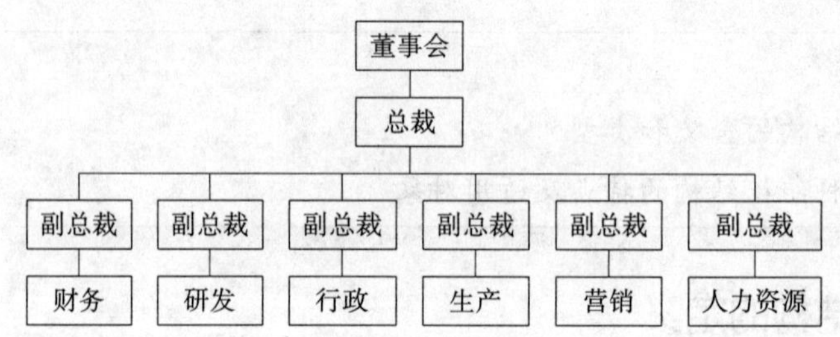


图 4—4 职能制组织结构图

职能制组织结构是按照工作方法和技能对组织部门进行分工，即从组织高层到基层，均把承担相同职能的管理业务及其成员组合在一起，设置相应的管理部门和管理职务。现代企业中许多业务活动都需要具备专门的知识和技能，将专业技能联系紧密的业务活动归类，组合到一个单位内部，可以有效地开发和使用技能，提高组织工作的效率。

该结构的优点是：各级机构和成员按专业分工，各自履行职能，能充分发挥职能部门的专业与资源优势，有利于保证各自所分工负责的工作成果质量；职能部门之间责任和权限清晰；职能部门内部的专业人员易于交流和相互支持，从而有助于创造性地解决专业问题；有利于实施以重复性工作为主的过程管理。

该结构的缺点是：妨碍了必要的集中领导和统一指挥，形成多头领导；组织内部横向间的联系薄弱，部门间协调难度大；不利于建立健全各级负责人和职能部门的责任制。

该结构适用于中小型的、产品品种较单一、生产技术发展变化较慢、外部环境较稳定、企业综合平衡能力较强的企业。

### 3. 直线职能制组织结构

直线职能制又叫生产区域制或直线参谋制，是现代工业企业中最常见的一种结构形式，特别是在大中型组织中尤为普遍。该结构是以直线制组织结构为基础，在各级行政主管之下设置相应的职能部门从事专业管理。它是在直线制组织结构和职能制组织结构的基础上，取长补短，吸取这两种形式的优点而建立起来的，如图 4—5 所示。

直线职能制组织结构的特点是：下级机构既受上级部门的管理，又受同级职能管理部门的业务指导和监督。这是一种按管理职能划分部门，并由最高管理者直接指挥各职能部门的体制。

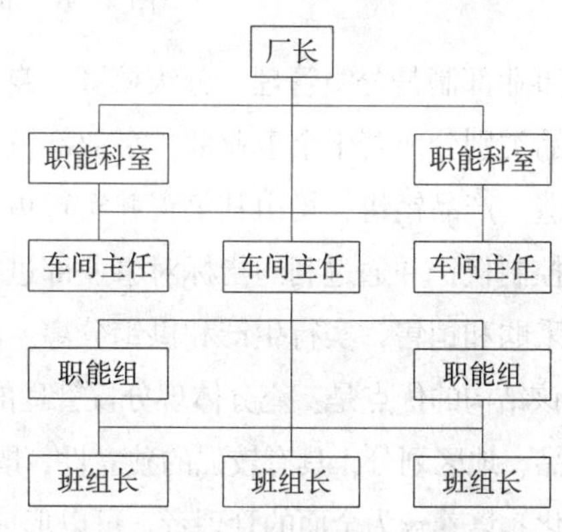

图 4—5　直线职能制组织结构图

该结构的优点是：既保证了组织管理体系的集中统一，又可以在各级行政负责人的领导下，充分发挥各专业职能机构的作用。它既保持了直线制组织结构便于集中统一指挥的优点，又吸收了职能制组织结构分工细致、注重专业化管理的长处，从而有助于管理效率的提高。

该结构的缺点是：职能部门之间协作配合性较差，职能部门的大量工作都要直接向上层领导请示报告才能处理，属于典型的集权式结构，权力过分集中于最高管理层，下级缺乏必要的自主权，这一方面加重了上层领导的工作负担，另一方面也造成工作效率低下。

组织学大师弗莱蒙特 · E. 卡斯特认为，“当组织环境相对稳定而确定，目标明确而持久，技术相对统一而稳定，决策可以程序化时，以采用直线职能制的组织结构最为适宜。”

### 4. 事业部制组织结构

事业部制也称 M 型结构或多部门结构，是一种高度（层）集权下的分权管理体制。它是按产品或地区设立事业部（或大的子公司），每个事业部都有自己比较完整的职能机构。事业部在最高决策层的授权下享有一定的决策权限，是具有较大经营自主权的利润中心，其下级单位则是成本中心。事业部制具有集中决策，分散经营的特点。集团最高层（或总部）掌握重大问题决策权，从而从日常生产经营活动中解放出来，如图 4—6所示。

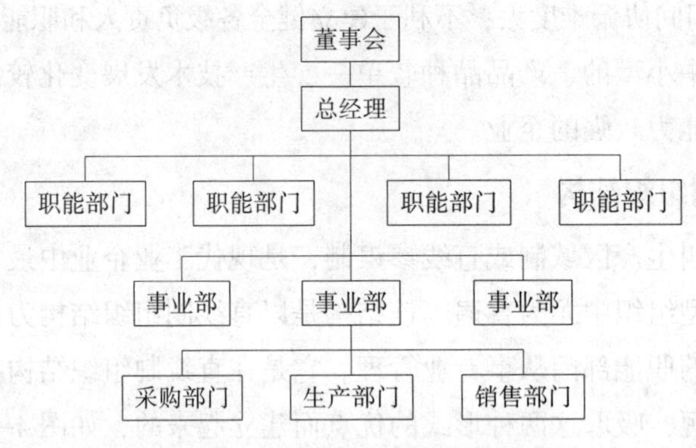


图 4—6　事业部制组织结构图

事业部制是分级管理、分级核算、自负盈亏的一种组织结构形式，即一个公司按地区或产品类别分成若干个事业部，事业部及所属工厂的产品设计、原料采购、成本核算、产品制造、产品销售，均由其负责并实行单独核算，独立经营。公司总部保留人事决策权和监督控制权，并通过利润指标对事业部进行管理。有的事业部仅负责指挥和组织生产，不负责采购和销售，实行生产和供销分离。还有的事业部则是按照区域进行划分。

该结构的优点是：充分体现分权管理的要求，各部门的权责清晰，各事业部可以按照不同产品、地区划分，具有较强的独立性，既调动了各事业部管理者的积极性，又能适应环境的变化，培养较为全面的管理者，可以形成一定的内部竞争，促进各部门的并行发展。

该结构的缺点是：由于各事业部利益相对独立，一定程度上增加了总部高层对各事业部管理、控制的难度，因此，该结构对总部的管理水平要求较高，容易发生管理失控现象。同时，各事业部重复拥有相同的经营职能，增加了费用开支，造成了经营资源上的浪费。

事业部制适用于规模庞大、产品品种繁多、技术复杂的大型企业。

事业部制又可分为产品事业部制和区域事业部制。

（1）产品事业部制

产品事业部制又称产品部门化，是以企业的产品为基础，将与生产某一产品相关的活动完全置于同一产品部门内，再在产品部门内细分职能部门，进行该产品的生产和销售等工作。

产品事业部制按照产品或产品系列组织业务活动，在经营多种产品的大型企业中显得日益重要。这种结构在设计中会将一些共有的职能集中，以辅导各产品部门，做到资源共享。图 4—7 为海尔集团曾经建立的产品事业部组织结构图。

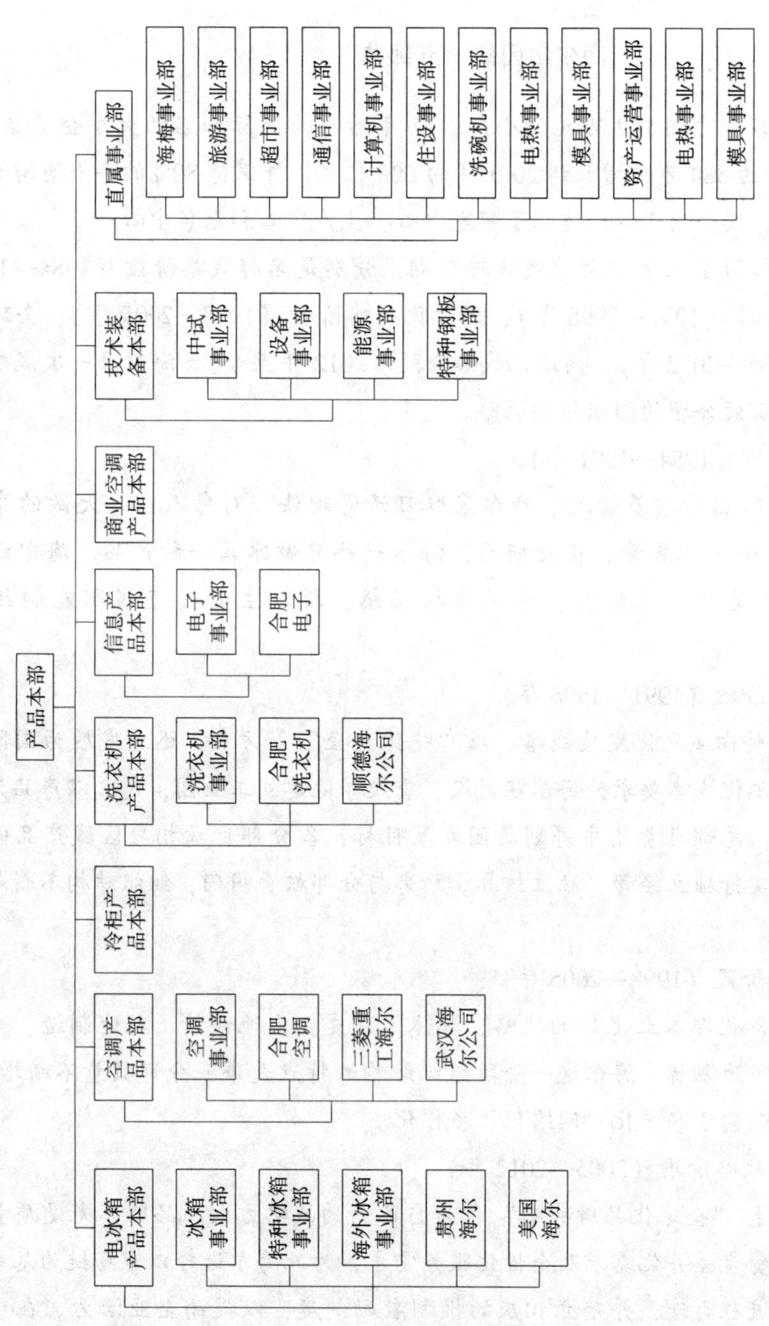


图 4—7 海尔集团产品事业部组织结构图

## 案例分析

### 海尔集团的“五部曲”

海尔起初是一家年亏损147万元的小厂，17年后成为国际知名的大型企业集团，年销售额从1984年的384万元增长到2001年的600亿元，并保持80%的年平均增长速度，在美国、欧洲、澳大利亚等地建立了研发中心、生产中心和销售中心。

海尔在发展中经历了五个重大的战略转变期，分别是名牌战略阶段（1984—1991年）、多元化战略阶段（1991—1998年）、国际化战略阶段（1998—2005年）、全球化品牌战略阶段（2005—2012年）、网络化战略阶段（2012年至今）。海尔每一次成功的战略调整都伴随着有效合理的组织结构调整。

1. 名牌战略阶段（1984—1991年）

海尔的名牌之路始于质量管理。海尔采取日清管理法，对每人、每天做的事进行控制和清理，严格保证质量。在此期间，海尔始终只做冰箱一种产品。海尔这一时期的组织结构注重各职能划分，体现集权思想，所以主要是直线职能制组织模式。

2. 多元化战略阶段（1991—1998年）

1991年，海尔转向多元化发展战略。以“吃休克鱼”等方式，迅速发展为国际化大公司。为适应多元化战略要求，海尔在武汉、重庆等地建立工业园，建立以产品为基础的事业部制结构。总部负责集中筹划集团发展目标，各分部负责相应区域产品的生产、销售，各分部实行独立经营、独立核算。总部与分部权责明确，组织结构不断趋向于扁平化。

3. 国际化战略阶段（1998—2005年）

海尔坚持“国际化即本土化”的战略，具体做法是：当地设计、当地制造、当地销售、当地融资、当地融智。海尔这一阶段组织结构的特点是事业分部数量不断增加，企业组织结构更加趋向于扁平化、网络化、多样化。

4. 全球化品牌战略阶段（2005—2012年）

2005年，海尔把“全球化品牌战略”作为自己新的战略方向。品牌不光是质量保证，同时需满足消费者差异化需求及个性化服务需求，为此海尔选择以市场链为基础面向顾客需求的生产流程再造，并确立相应的报酬激励制度，以提高企业活力。在“零库存”以及“差异化生产服务”思想指引下，实现企业组织结构的柔性化、多样化、网络化。

5. 网络化战略阶段（2012年至今）

在网络化战略阶段，海尔从传统制造家电产品的企业转型为面向全社会孵化创客的平台，致力于成为互联网企业，颠覆传统企业自成体系的封闭系统，变成网络互联中的节点，互联互通各种资源，打造共创共赢新平台，实现攸关各方的共赢增值。在组织上，海尔变传统的自我封闭到开放的互联网节点，颠覆科层制为网状组织。在这一过程中，员工从雇佣者、执行者转变为创业者、动态合伙人，目的是要构建社群最佳体验生态圈，满足用户的个性化需求。

（2）区域事业部制

区域事业部制又称区域部门化，其原则就是把某个地区或区域内的业务集中起来，按地区划分部门，委派一位经理进行全权管理。该结构适用于规模较大的公司，特别是跨国公司。图4—8为某大型房地产公司区域事业部组织结构图。

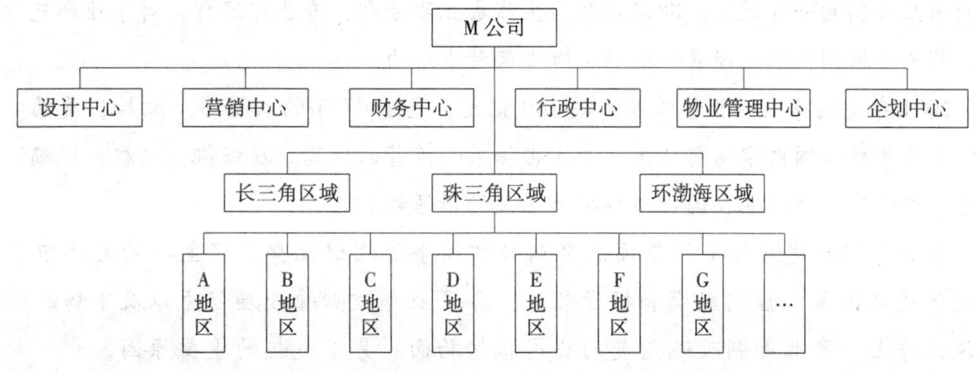


图4—8　某大型房地产公司区域事业部组织结构图

## 案例分析

### 在事业部制改造中涅槃重生的美的公司

美的公司实行事业部制始于1997年。

1996年，美的空调在全国的销售排名从之前几年的第三名滑落至第七名。美的公司遭遇了严重的发展危机。

当时，随着企业规模的扩大，美的公司发展了包括空调、风扇、电饭煲在内的五大门类的1 000多种产品。这些产品均由总部统一生产和销售。各个产品的特点不同，销售人员同时在区域中负责多项产品，总部各职能部门也同时对应各个产品，从而造成了专业性不足、工作重点不明等问题。而美的公司当时是直线制管理结构，总裁既要抓销售又要抓生产。美的公司经过反复调研论证，最终决定建立事业部制组织结构。

1997 年 1 月，美的成立了空调事业部。7 月，风扇事业部诞生，随后电饭煲业务也被划分给风扇事业部。此后上马的饮水机、微波炉业务与原有的风扇、电饭煲业务一同组建为家电事业部。到 2002 年，家电事业部下设电风扇、电饭煲、微波炉等 6 个分公司，年销售量达到 3 000 万台，销售额由最初的不足 10 亿元上升至 2002 年的 40 多亿元。此后，厨具、电机、压缩机等其他几个事业部纷纷成立。

2002 年 7 月，美的公司将家电事业部按产品拆分为风扇、饮水设备、微波炉和电饭煲四大事业部。这次分拆，是美的公司在全球化的大背景下，针对美的小家电越做越大、分工不清晰及对市场的反应速度不够快的缺点做出的调整。其目的是集中优势资源，组建组织简单、反应迅速的事业部，实现研产销一体化。

2002 年 10 月，冰箱事业部从空调事业部分拆出来。美的冰箱事业部的建立延续了美的事业部制的一贯逻辑：即以产品为主线成立事业部，专业化运作，对事业部充分授权，明确责权利，独立经营和核算，激发经营者活力。

2001 年美的集团的销售收入突破 140 亿元，是 1997 年的四倍多。此后，美的空调连续十五年跻身国内市场前三名，牢牢占据第一阵营的位置。压缩机、电机、风扇、电饭煲、微波炉等产品也在国内市场拥有很大的话语权。

事业部制的建立使美的集团总部从日常琐事管理中脱身，将主要精力集中于集团总体战略决策、控制规模和投资额度、各事业部核心管理层任免以及市场的统一协调工作上。事业部制改造是美的公司扭转局面、异军突起的重要原因。

### 5. 矩阵制组织结构

矩阵制组织结构是为了改进直线职能制组织结构横向沟通差、缺乏弹性的缺点而形成的一种组织形式。它是把按职能划分的部门和按产品（项目）划分的小组结合起来组成一个矩阵，一名组织人员既同原职能部门保持组织与业务上的联系，又参加项目小组的工作。职能部门是固定的组织，而项目小组是临时性组织，完成任务以后就自动解散，其成员回原部门工作，如图 4—9 所示。

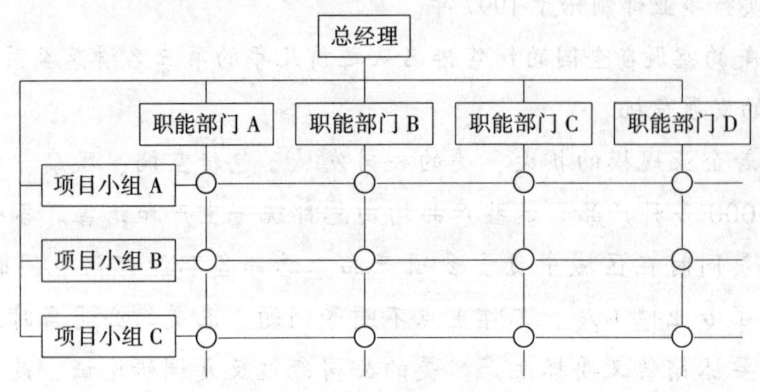


图 4—9　矩阵制组织结构图

该结构的优点是：可以打破各个职能部门间的限制，实现职能部门间资源的整合利用；机动、灵活，可随任务的开始与结束进行组织和解散。该结构可以最大限度地提高资源利用率，又可以减少员工招聘的成本。

该结构的缺点是：人员的双重管理是矩阵制组织结构的先天缺陷，由于项目小组成员分别来自不同职能部门，当任务完成后，仍要回原部门，因而容易产生临时应付的观念，对工作态度有一定影响。任务负责人的责任大于权力，因为参加任务的人员来自不同部门，所以任务负责人管理困难，没有足够的激励手段与惩治手段。

矩阵制组织适用于一些重大攻关项目，特别适用于以开发和实验为主的组织。

## 案例分析

### 英格兰人钢铁公司的矩阵制组织结构

20 世纪 90 年代，拥有 180 年历史的英格兰人钢铁公司已经在职能制组织结构下平稳运转了很多年。然而，在日益激烈的竞争中，公司管理者意识到，他们已经跟不上形势的变化。当时公司 50%的订单无法按期交货，劳动力、原材料和能源成本不断上升，从而侵蚀着公司的利润，公司的市场份额不断下降。

公司一方面需要在各职能领域内维持规模经济及复杂的专业技能，另一方面需要针对不同市场的需求来生产多种高附加值的特制产品。在双重的压力下，公司最终采用了一种较为独特的解决方案——矩阵制组织结构。

英格兰人钢铁公司拥有 4 条产品线，每条产品线的业务经理都被授予了一定的权责，包括为各自的产品线制订业务计划，设定成本、库存、利润等方面的目标。这些经理拥有达成目标所需要的职权，同时也要确保其所负责的产品线可以获利。职能副总裁负责该职能相关的技术决策。职能经理则要跟踪了解其专业领域最新的技术动态，对其手下成员进行技术培训并使这些新技术最终应用于各产品线。英格兰人钢铁公司每月会接到约 2 万种特种钢铁和几百种新品类的订单，为此，职能人员的专业技能必须与技术发展保持同步。由此，公司采用了一个具有产品和职能两类关系的矩阵制组织结构，如图 4—10 所示。

起初，公司的矩阵制组织结构的实施进展比较缓慢，中层管理者一时陷入混乱之中，跨职能部门的协调会议几乎每天都要举行。但在为期一年的培训之后，英格兰人钢铁公司逐渐走上了正轨。公司的生产率和盈利水平稳步上升，管理人员在矩阵型组织结构运作中逐渐成熟起来。协调产品和职能决策使管理者们的经验不断积累。

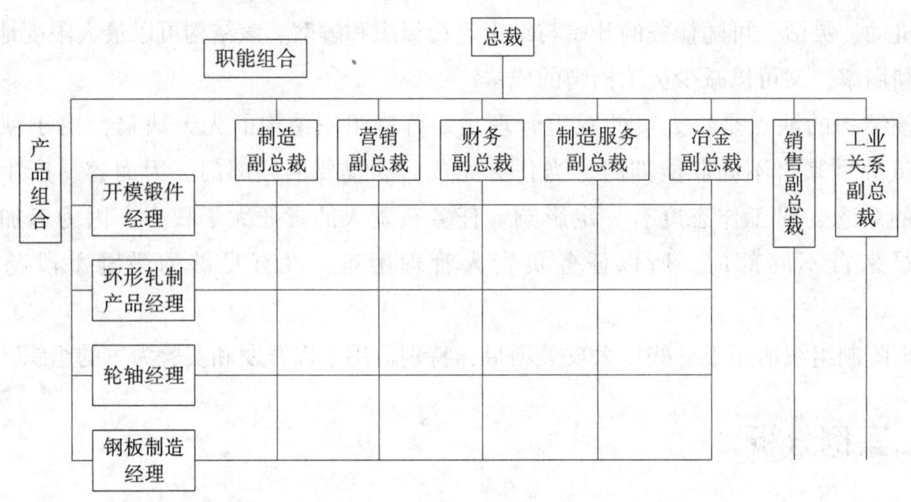


图 4—10　英格兰人钢铁公司的矩阵制组织结构

### 6. 网络型组织结构

网络型组织结构也称虚拟组织，是利用现代信息技术手段发展起来的一种新型的组织机构。在这类组织中，相互独立的业务过程或企业以信息技术、通信技术为基础，依靠高度发达的网络系统，将供应商、生产商、消费者，甚至竞争对手等独立的组织连接而组成联盟，使每一个成员各自在设计、制造、分销等领域为联盟发挥出自己的核心能力，并相互联合起来实现技能共享和成本共担，把握快速变化的市场机遇。网络型组织中多个相互独立的企业以契约关系为纽带，通过互利互惠、相互信任、相互协作、相互支持的机制进行密切合作，如图 4—11 所示。

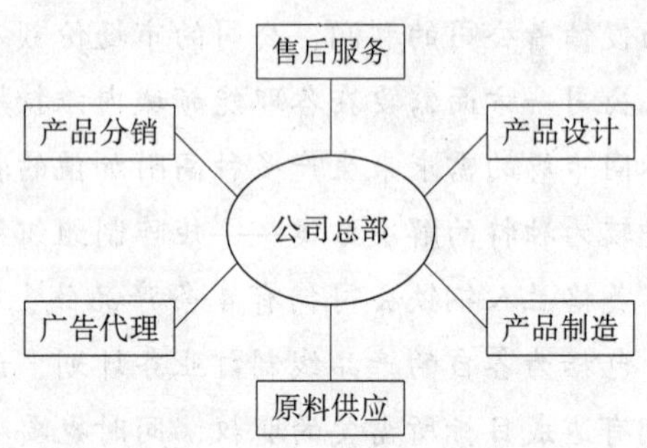


图 4—11　网络型组织结构图

网络型组织结构是一种新型的组织设计，它使管理者对新技术、新时尚、低成本竞争具有更大的适应性和应变力。

该结构的优点是：通过“无边界”的资源整合，充分发挥员工的合作和自主意识，激发员工的积极性和能动性；通过信任来促进员工的合作，有利于构建学习型组织；通过减少行政层次来减少信息失真，增加上下级的直接联系；能够在组织内部与外部环境发生变化时，持续适应环境并不断自我改进。

该结构的缺点是：合作组织中的成员是临时的，可控性比较差；一旦出现质量问题、提价问题、不能及时交货问题等，组织将陷入非常被动的境地；如果某一合作单位因故退出且不可替代，组织将面临解体的危险；由于项目是临时的，员工随时都有被解雇的可能，因而员工对组织的忠诚度也比较低。

网络型组织结构比较适合于玩具和服装制造企业等需要廉价劳动力的制造业公司，它们需要相当大的灵活性以便对时尚的变化做出迅速反应。

## 案例分析

**NIKE 公司与 Reebok 公司的虚拟组织结构**

NIKE 公司是著名的运动鞋制造商。但实际上，NIKE 公司只有一个很小的制造单位生产耐克鞋的气垫系统，其余几乎 100%的业务都是由外部供应商提供的。NIKE 公司把主要的力量集中在新产品研究开发和市场营销上，制造上采用“多层伙伴”策略，按不同合作对象的特点，采取不同的合作方式。而著名的运动鞋制造商 Reebok 公司，更是完全不从事制造活动。

这两家公司实际上是与亚太地区的运动鞋制造厂签订合约，将运动鞋交由它们生产制造。NIKE 公司和 Reebok 公司运用信息网络将所有的企业活动联系起来，是典型的虚拟组织。

利用现代信息网络技术，NIKE 公司和 Reebok 公司大大提高了信息的处理速度，能够更快地对市场上的流行需求作出反应。

# 第三节　组织设计

**知识目标**

- 掌握组织设计的内容和成果
- 掌握组织设计的原则和程序

## 一、组织设计的内容和成果

### 1. 组织设计的内容

组织设计的内容即设计清晰的组织结构，规划和设计组织中各部门的职能和职权，确定组织中职能职权的活动范围并编制职务说明书。

尽管组织结构日益复杂、类型演化越来越多，但任何一个组织结构都存在三个相互联系的问题：职权如何划分、部门如何确立、管理层次如何划分。由于组织内外环境的变化影响着这三个相互关联的问题，使得组织结构的形式始终围绕这三个问题发展变化，因此，组织结构设计首先要正确处理这三个问题。

## 2. 组织设计的成果

组织设计的成果即组织设计内容的具体表现，包括组织结构图（见图 4—12）、职位说明书和组织手册。

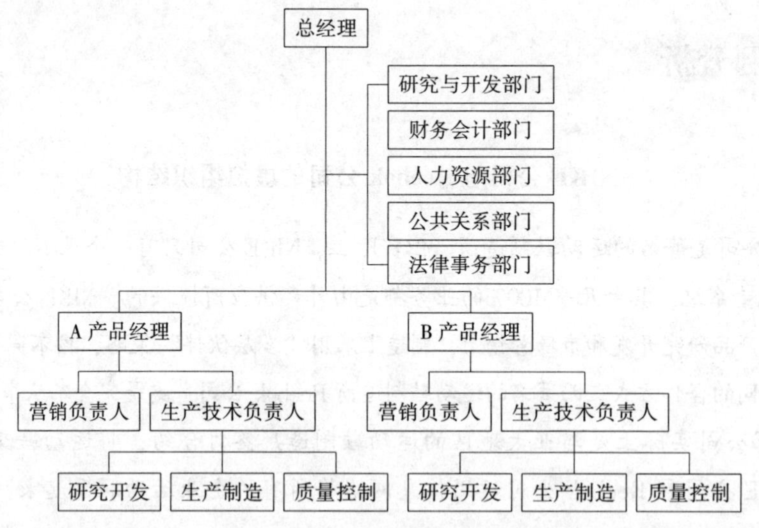


图 4—12　某公司组织结构图

## 案例分析

### 某公司市场策划专员职位说明书

一、知识要求

具备市场营销、广告、传播或相关专业本科及以上学历，能够独立完成制定市场规划和市场销售策略、实施产品拓展等工作。

二、技能要求

有较强的市场感知能力，能够敏锐地把握市场动态、市场方向，具备大型活动的现场管理能力，有较强的表达、理解与公关能力以及团队合作精神。

三、经验要求

具有三年以上相关职位的从业经验，有大型项目的市场拓展经验、销售工作经验及商务谈判经验。

四、工作职责

1. 根据企业发展战略，编制市场开发计划，报上级批准后执行。

2. 负责日常公关事件策划及活动执行，并向客户提出提案。

3. 负责媒体见面会、展会等公关、营销类活动的组织联络，并负责活动执行及后期的总结跟进。

4. 向管理者提出一系列具有创意并可实施的营销方案或建议，并跟踪整个方案实施的过程。

5. 将企业的形象广告与附属产品有机结合起来，增加经营项目的文化含量。

## 二、组织设计的原则

组织要高效有序地运行，就必须在组织设计的过程中遵循一定的原则。

### 1. 统一指挥原则

统一指挥原则也称统一与垂直性原则，它是最经典也是最基本的组织设计原则，即要求每位下属都应该有并且只有一个上级，并向这个上级负责。在上下级之间形成一条清晰的指挥链。组织的各级机构及个人必须服从一个上级的命令和指挥，只有这样才能保证政令统一，行动一致。如果两个领导人同时对同一个人或同一件事行使他们的权力，就会出现混乱。

### 2. 专业化分工原则

专业化分工原则是把组织活动的特点和参与组织活动的成员的特点结合起来，把每个员工都安排在适当的领域积累知识、发展技能，从而不断地提高工作效率。

### 3. 有效管理幅度原则

管理幅度又称管理宽度，有效管理幅度原则即一个上级直接领导与指挥的下属人数应该有一定的数量限制，这样才能保证组织管理的有效性。

### 4. 权责对等原则

权责对等原则即在一个组织中的管理者所拥有的权力应当与其所承担的责任相适应。所谓对等就是相互一致，管理者不能只拥有权力而不履行职责，也不能只承担责任而不予授权。

### 5. 精干高效原则

精干高效原则即在能够保证组织活动正常有序开展的前提条件下，尽量减少管理层次，简化部门机构，精减人员。坚持该原则，一方面可以减少决策与执行环节，使组织灵活敏捷，提高工作效率，另一方面可以节约组织开支和管理费用。

### 6. 人本原则

人本原则即在设计组织结构前，要充分考虑组织目前的人力资源状况，以及组织未来几年对人力资源素质、数量等方面的需求，以人为本进行组织设计，切忌拿所谓先进的框架往组织身上套，亦不能因人设岗。

## 三、组织设计的程序

1. 确定组织目标，包括收集及分析资料，进行设计前的评估，确定组织的目标。

2. 组织环境分析，包括对组织的内外环境进行充分的考量、分析，明确组织所处的环境。

3. 结构框架设计，包括设计各个管理层次、部门、岗位及其责任、权力，形成层次化的组织管理系统，具体表现为确定组织系统图。

4. 明确职责和权限，包括明确规定各层次、各部门以及每一职位的权限、责任。一般用职位说明书或岗位职责说明书等文件形式表达。

5. 组织制度设计，包括设计管理规范及各类运行制度，确定各项管理业务的工作程序、工作标准和管理人员应采用的管理方法。

6. 决定人员配备，包括按职务、岗位及技能要求，选择配备恰当的管理人员和普通员工。

7. 形成组织结构，包括对组织设计方案进行审核、评价及修正，确定正式组织结构及组织运作程序并颁布实施。

8. 调整组织结构，包括根据组织运行情况及内外环境的变化，对组织结构进行评价、调整，使之不断完善。

以上步骤如图 4—13 所示。

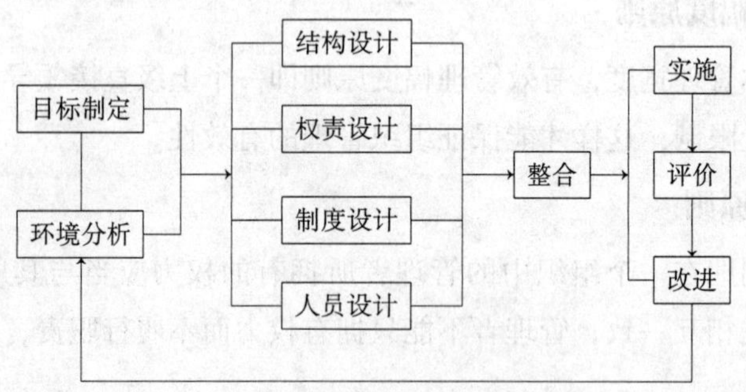


图 4—13　组织设计流程图

## 思考与练习

1. 典型的组织结构类型有哪些？分别有哪些优缺点？各适用于什么情况？

2. 组织设计时要遵循哪些原则？

# 第五章　领　　导

## 第一节　领导概述

**知识目标**

- 掌握领导的含义和作用
- 掌握领导与管理的关系

### 一、领导的含义和作用

领导就是对组织内全体成员的行为加以引导和施加影响，指挥、带领和鼓励下属，为有效地实现组织目标而努力的活动过程。

领导的本质就是一种影响力，是被领导者的追随和服从，其作用体现在以下四个方面：

一是指挥作用，即指点迷津、明确方向。在组织工作中需要有高瞻远瞩、运筹帷幄、胸怀全局的领导者，帮助所属成员认清所处的环境，指明组织活动的目标和达成目标的途径。

二是协调作用，即协调关系、化解矛盾。组织的领导者要从实现组织总体目标的角度，依据有效的决策，运用恰当的方法，及时排除各种各样的障碍，理顺各方面关系，以促进组织机构正常运转。

随着社会分工的不断细化，组织对协调的要求也越来越高。领导的协调作用就是要通过创造、设计和保持良好的工作氛围，使下属心情舒畅，积极热情地投身工作之中，与他人真诚、愉快地合作，努力完成工作任务，实现组织目标。

对于下属发生的意见分歧，领导者要及时协调，化解矛盾，使组织内部能形成合力，对外部形成张力，以更好地实现组织目标。

## 案例分析

### 伟大的随从

一群要去旅行探险的人需要一个随从，以便在行程中为他们做饭、洗衣及处理其他一些琐碎的事情。于是，他们拜访了一座修道院，询问是否可以帮他们找一个随从在旅途中随行服务。僧侣们为他们推荐了一个叫利奥的人，但是提出，利奥只能与他们随行一段路程，然后就得离开他们返回修道院。

利奥为了照顾好他们，不仅为他们做一些琐碎的事情，还在他们发生矛盾、互相埋怨、互相指责的时候，不断为他们化解矛盾，缓解信任危机。于是，利奥离开之前的一切行程都很顺利，能按照原定计划去执行。但在利奥离开之后，他们的士气逐渐衰减，群体逐渐分裂，最终他们的计划被迫取消。他们中的一个人在浪迹了很多年后又来到利奥所在的修道院。他发现利奥其实并不是一个卑微的随从，而是一名伟大的、受人尊敬的僧侣们的领导者。

真正的领导力，不一定是依靠权力而产生影响，更多的是一种人际沟通的技巧和人格魅力的影响。领导不是张扬权力的过程，而是使领导者与追随者关系融洽并产生向心力的过程。

三是激励作用，即排忧解难、鼓舞斗志。领导者要激发下属的积极性、创造性，需要设定能满足其需要、激发其动力的组织目标。在激励中，领导者要激发、鼓励和调动人们的工作热情和积极性，使人们潜在的工作动力尽可能充分发挥和维持，从而更好地实现组织目标。领导激励的实质，就是有效地调动人的积极性、主动性和创造性，根据下属的具体情况，采用适当的激励方式，使下属始终保持旺盛的工作热情，最大限度地调动他们的工作积极性。

四是凝聚作用，即身先士卒、同舟共济。一名优秀的领导者要以身作则，否则在管理上就难以服众。再则就是要爱护下属，这是一个组织和睦共处的基础，也是一个组织顺利发展的根本。领导职能的凝聚作用通过领导者个人的高尚品质、卓越的能力和领袖魅力，引起下属的崇敬、信任、爱戴和忠诚，达到同心同德、众志成城的目的。

## 二、领导与管理的关系

领导与管理是两个容易被混淆的概念，领导是从管理中分离出来的，它是管理职能的组成部分，二者既相互联系又存在区别。

**1. 领导与管理的联系**

领导是率领下属向着目标进发，而管理是负责某项任务使其顺利进行。领导通过管理实现目标，管理是领导实现目标、计划的手段。领导就像大脑，通过管理实现组织各部门、各环节密切配合，完成组织目标。简而言之，领导是要做正确的事，管理是要正确地做事。

领导与管理的共同之处是：从行为方式的角度看，领导和管理都是在组织内部影响他人的协调活动，实现组织目标的过程；从权力的构成角度看，二者都与组织层级的岗位设置有关。

**2. 领导与管理的区别**

（1）领导具有全局性，管理具有局部性

领导侧重于战略，而管理侧重于战术。领导活动一般注重对组织内部各个部分、环节做整体性的计划、协调和控制，管理则是技术性较强的工作，其目的在于提高某项具体任务的工作效率。

（2）领导具有超前性，管理具有当前性

领导活动致力于引领整个组织的发展方向，主要侧重于战略决策和目标制定等前瞻性工作，管理则侧重于当前活动的具体落实。

（3）领导具有超脱性，管理具有操作性

领导是从根本上、宏观上把握活动的整体进程，管理注意的则是细节问题，通过对人、财、物、时间、信息等资源的合理安排与配置，使诸因素得到合理运用。

美国著名管理学家斯蒂芬·P. 罗宾斯认为，管理者是被任命的，他们拥有合法的权力进行奖励和处罚，其影响力来自于他们所在的职位所赋予的正式权力；领导者可以是被任命的，也可以是从一个群体中产生出来的，领导者可以不运用正式权力来影响他人的活动。也就是说，并非所有的领导者都是管理者，也不是所有的管理者都是领导者。

# 第二节 领导者概述

**知识目标**

- ➢ 掌握领导与领导者的关系
- ➢ 掌握领导者权力的表现形式

## 一、领导与领导者

领导者是指在正式的组织中经合法途径被任命而担任一定领导职务、履行特定领导职能、掌握一定权力、肩负某种领导责任的个人或集体。

从一定意义上讲，领导近似于组织理念。领导高于领导者，领导者是领导的载体。尽管很多领导者都是组织领导的起源，尤其是那些作为创业者的领导者，但无论哪种领导者，都必须接受组织领导，贯彻组织意图。

领导者指明了方向后，如何朝着既定方向不断实现目标？这就需要组织拥有相应的能力，其中的核心是领导力。领导力不等于领导者的能力，而是一种有效整合组织核心团队的组织力量。领导者对于构建组织领导力十分关键，因为他是组织核心团队的整合者，而领导者的素质又是关键中的关键。

领导者必须具备三个要素：必须有下属或追随者；必须拥有影响下属或追随者的能力；领导行为具有明确的目的，可以通过影响下属来实现组织的目标。

## 二、领导者的权力

领导的本质就是一种影响力。领导者要发挥这种影响力，就需要拥有一定的权力。根据法兰西和雷温等人的研究，领导权力包括以下五种形式：

### 1. 法定性权力

法定性权力是指组织内领导者所拥有的合法权力。法定性权力的大小和权力范围，取决于领导者在组织中的职位。它是官方明确规定的一个人的权威地位。具体而言，组织的领导者在法定性方面通常有如下权力：

（1）决策权

决策权即做决定的权力。领导的过程就是制定决策和实施决策的过程，而决策的正确是组织成功的关键要素。

（2）组织权

组织权是实现领导意图的组织保证，包括设计合理的组织机构，确定适当的组织纪律，决定适宜的人员编制等权力。

（3）指挥权

指挥权是领导者实施决策或计划的必要保障，通过有效的指挥完成其组织目标使命。

（4）人事权

人事权是领导者对组织成员进行选择、培养、任免的权力。这也是领导者非常重要的一项法定性权力。

### 2. 奖赏性权力

奖赏性权力是指领导者拥有的奖赏下属的权力。奖赏包括奖金、福利、晋级、表扬等令人愉悦的物质奖励或精神奖励。运用奖赏方式来获得影响他人的权力，是领导者实现领导意图的手段。

### 3. 惩罚性权力

惩罚性权力是指领导者对其下属具有的惩戒的权力。惩罚性权力与奖赏性权力相反，惩罚性权力是领导者利用下属对面临惩罚或失去其重视的成果的恐惧来影响他人。它与奖赏性权力一样，都是对人施加影响的一种手段。

### 4. 感召性权力

感召性权力是指由于领导者拥有吸引他人的品德、性格、作风等，而引起他人的认同、钦佩、赞赏，并愿意追随和服从其领导。

领导感召力确切地说是领导者吸引被领导者的能力，它是领导者通过不断地完善自身而形成的一种独特的魅力。它不依靠物质刺激或强迫，全凭人格和信仰去鼓舞、激励他人。

一个领导者的感召力通常源于以下五个方面：一是有远大的理想目标、坚定的信念及对未来的梦想；二是高瞻远瞩，能够看清组织未来的发展方向；三是具有人格魅力，具有乐观、自信、稳重等性格特征；四是能力卓越、阅历不凡；五是充满激情、不畏挑战，能够带领被领导者实现远大理想。

### 5. 专长性权力

专长性权力是指来源于领导者的专长、技能和知识的一种权力，领导者能够通过在特殊领域的专长来影响他人。

## 三、领导者的特质

领导特质理论是20世纪最流行的领导理论。它的研究依据和研究方法是从优秀的领导者身上寻找共性，找到他们能够成为领导者的决定因素，主要研究的是领导者应具备的素质。

关于领导者的特质，管理学学者们从不同的角度给出了标准。

美国的约翰·科特教授进行了关于领导者素质的研究，他在对多家企业的经理进行调查之后认为，一个领导者应该具备六个方面的素质：具备行业知识和企业知识，在公司和行业中拥有人际关系，拥有良好的职业信誉和工作记录，具备基本的技能（包括社会技能、概念技能和专业技能），拥有个人价值观（最基本的价值观包括积极的行为准则和保持客观公正的评价态度），拥有进取精神。

## 案例分析

**比尔·盖茨的领导特质**

比尔·盖茨最重要的领导特质是建立团队的能力。他善于发现具备领导才能的人，并给他们提供资源以达成目标。由此，盖茨建立起了一支超级领导团队。

为了把微软打造成一个兼具软件开发和市场营销能力的公司，盖茨四处搜寻人才。例如，在得知杰瑞·拉腾伯具有丰富的零售技巧、上乘的管理能力和实践经验后，盖茨立即聘请他担任零售部门的副总裁。

盖茨重视任务的完成，因此，微软公司在考核员工业绩的时候，只要求员工的工作成就，不偏重员工的资历、学历及职位；不重形式，只重成果。微软公司在聘用人才方面的一个重要特色，就是喜欢雇佣初出学校的“社会新鲜人”。在整个微软公司每年录用的新员工中，这些人所占的比重高达80%以上。

盖茨工作努力，具有极强的进取和创新精神。盖茨把一个只有16 000美元的小公司变为年销售额高达数百亿美元的全球最大软件公司，这与其积极进取和持续创新有着密切的关系。

盖茨善于学习，能够接纳不同的意见，不断从他人身上汲取营养。微软公司雇用了不少远远超出个人计算机领域的各类专家，其中包括哲学家、语言学家、电影特技专家。

微软从两个好朋友创业开始，一直发展到成为全球科技巨头，盖茨的领导力在其中发挥了重要的作用。盖茨独特的人格魅力吸引了全球软件行业的顶尖人物纷至沓来。众多个性迥异的计算机高手们汇聚在一起，如果没有良好的情商，没有卓越的领导力，在数十年的创业历程中，微软将时刻面临分崩离析的危险。微软的员工全力投入，极其信赖忠诚于盖茨，这些人绝顶聪明，与公司一起成长，形成了高效的学习型团队。

卓越的领导者，绝非只是拥有高超的专业技能，更重要的是拥有优秀的组建优质高效团队的能力。

## 四、领导行为方式理论

为了给领导者提供更好的建议，使其领导特质充分展现，领导权力充分发挥，需要研究更为具体的领导行为方式。以下是几种有代表性的领导行为方式理论。

### 1. 莱温的领导行为方式理论

20世纪30年代，心理学家莱温通过实验研究了领导者不同的工作方式对下属群体行为产生的影响，从而把领导者的领导方式分成极端的领导作风、民主参与作风和放任自流作风三种类型。

（1）极端的领导作风

极端的领导作风即专制型领导。此类领导者属于大家长式作风，以力服人，即靠权力和强制命令让他人服从。该方式的特点是：领导通过发号施令要求下属服从，做事独断，主要依靠行政命令、纪律约束、训斥惩罚进行领导，偶尔也通过奖励进行领导。据统计，具有专制作风的领导者与下属谈话时，有60%左右采取命令和指示的口吻。

一般来说，专制型领导风格适用于面临危机的情况。专制型领导的任务简单明确，下属需要清晰的指令，且上级知道的比下级要多。在这种情况下，采用专制型领导风格可以快刀斩乱麻，激发成员斗志。一般来说，领导者在采用专制型领导风格时应该三思而后行，只有在万不得已的情况下才能考虑使用。

## 案例分析

### 专制的 CEO

某公司近期处于危机之中，销售额与利润不断下滑，股票市值一落千丈。为此，董事会聘请了一位新的 CEO，他以善于扭转企业困境而闻名。该 CEO 上任后采取了专制型领导风格，大力裁员，出售分部，做出了本应几年前就该实施的决定，最后挽救了公司，使公司度过了危机。

然而好景不长，由于他实行的是“恐怖统治”，对手下的管理人员威逼、贬低，下属在工作中犯一点儿错误，他都大发雷霆。终于，他的暴戾导致了众叛亲离，公司的高管层最后几乎瓦解。他的手下因为害怕将坏消息告诉他而挨骂受罚，不再向他提供任何坏消息，员工的士气低落，结果公司在短暂复苏后又再次陷入困境。最后，公司董事会不得不将他罢免。

（2）民主参与作风

民主参与作风的领导者以理服人，以身作则，主要政策由组织成员集体讨论决定，领导者则采取鼓励协助的态度，分配工作时会考虑下属的个人能力、兴趣爱好。具有民主作风的领导者与下属谈话时，通常采用商量、建议和请求的口气，下命令仅占 5% 左右。

（3）放任自流作风

放任自流的领导者将决策权完全交给下属，给下属提供资源条件，尽量不参与，也不主动涉入，只是偶尔表示意见。工作事先无布置，事后无检查，各人自行负责。该方式的特点是：给下属高度的自主权，依靠下属确定组织的目标和实现目标的方法。

**2. 利克特的“工作中心”与“员工中心”理论**

从 1947 年开始，美国的伦西斯·利克特教授和相关研究人员进行了一系列的领导研究，其对象包括企业、医院及政府等多种类型的组织机构。他们于 1961 年提出了“工作中心”与“员工中心”理论。

该理论将领导者分成“以工作为中心”的领导和“以员工为中心”的领导两种类型。“以工作为中心”的领导者的特点是任务分配结构化，严密监督，依照详尽的规定安排工作。“以员工为中心”的领导者的特点是重视人员行为反应及问题，利用群体实现目标，给组织成员较大的自由选择的权力。

利克特假设了四种管理方法，以阐明其研究的领导原则。

（1）“利用—命令式”方法

把决策权局限于最高层，由主管人员发号施令，由上而下传达信息；主要用恐吓和处分，偶尔用奖赏去激励成员。

（2）“温和—命令式”方法

用奖赏兼某些恐吓及处罚的方法去鼓励下属；允许一些自下而上传递的信息；向下属征求一些想法与意见并允许把某些决策权授予下属，但加以严格的政策控制。

（3）“商议式”方法

主管人员在做决策时征求、接受和采纳下属的建议，让下级主管部门作出具体的决定；通常会酌情采纳下属的想法与意见；运用奖赏并偶尔用处罚的办法和让成员参与管理的办法激励下属。

（4）“集体参与”方法

主管人员向下属提出挑战性目标并相信下属能够达到目标；在制定目标与评价目标所取得的进展方面，让成员参与并给予奖赏；使上下级之间、同级成员之间的信息畅通；鼓励各级部门自己作出决定，或者与下属合起来作为一个群体从事活动。

利克特教授提倡员工参与管理。他认为有效的领导者是注重面向下属的，他们依靠信息沟通使组织的各个部门协调有序行事。群体的所有成员形成相互支持的关系，在此关系中，群体成员感到在需求、价值、愿望、目标与期望方面有真正共同的利益。该种领导方式要求对下属采取激励方法，因此利克特认为，它是领导一个群体最为有效的方式。

**3. 领导行为四分图理论**

美国俄亥俄州立大学的领导行为研究者们在1945年通过列出1 000多种刻画领导行为的因素，归纳出领导者行为的两个方面：重视组织和体贴精神，并由此提出四分图理论。

重视组织是指领导者规定他与工作群体的关系，建立明确的组织模式、意见交流渠道和工作程序的行为，具体包括设计组织机构，明确职责、权力、相互关系和沟通办法，确定工作目标与要求，制定工作程序、工作方法与制度。

体贴精神是建立领导者与被领导者之间的友谊、尊重、信任关系方面的行为，具体包括尊重下属的意见，给下属以较多的工作主动权，体贴下属的思想感情，注意满足下属的需要，平易近人，平等待人，关心群众，作风民主。

四分图理论认为，重视组织与体贴精神不是一个连续带的两个端点，不是注重了一个方面就必须忽视另一个方面。领导者的行为是重视组织与体贴精神两个方面的任意组合，即可以用两个坐标的平面组合来表示。用四个象限来表示四种类型的领导行为，分别是：高组织与高体贴、低组织与低体贴、高组织与低体贴和高体贴与低组织，如图5—1所示。

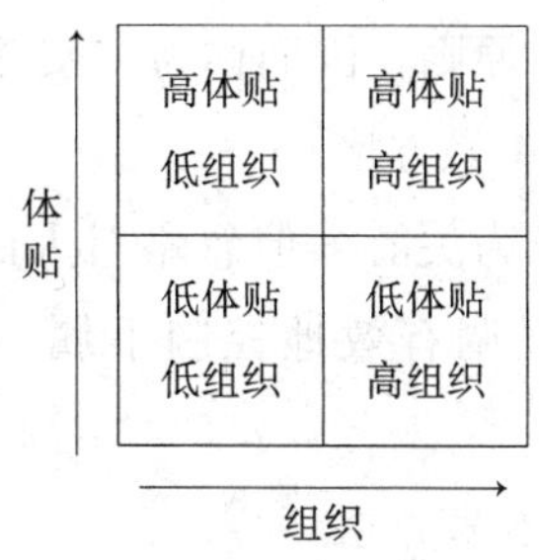


图 5—1　领导行为四分图

## 4. 管理方格理论

美国管理学家布莱克和穆顿在领导行为四分图理论的基础上，于 1964 年提出了管理方格理论。该理论设计了一个管理方格图，其中横坐标表示领导者对生产的关心程度，如产品质量、工作效率、广告效果等；纵坐标表示领导者对人的关心程度，如人际关系、员工积极性等。每个坐标各分成 9 等份，从而生成 81 种不同的领导类型。其中有 5 种典型的组合，分别是：贫乏型、任务型、中间型、乡村俱乐部型和团队型，如图 5—2 所示。

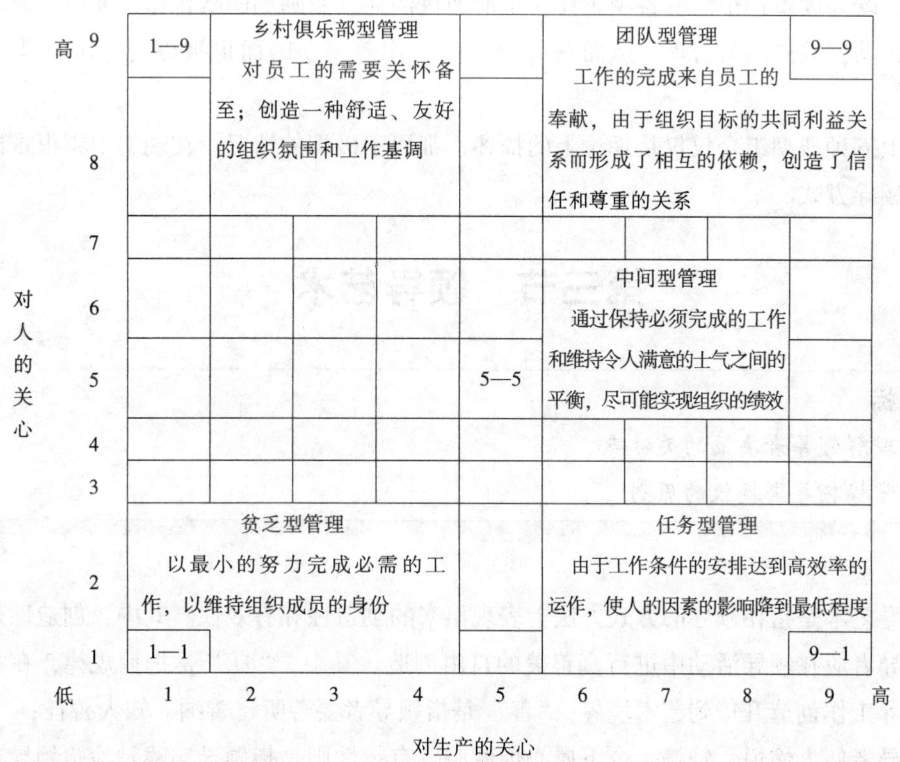


图 5—2　管理方格图

（1）贫乏型管理（图中 1—1 号方格）

这种类型的领导者只做维持自己职务最低限度和水平的工作，对工作和人都极不关心，奉行“多一事不如少一事”原则，因而称为“贫乏型管理”。

（2）任务型管理（图中9—1号方格）

这种类型的领导者对工作极为关心，但忽略对人的关心，也就是不关心下属的需求。领导者拥有很大的权力，强调有效地控制下属，努力完成各项工作，因而属于“独裁的、重任务型的管理”。

（3）中间型管理（图中5—5号方格）

这种类型的领导者既对工作关心，也对人关心，程度适中，强调适可而止。既对工作的质量和数量有一定要求，又强调通过引导和激励使下属完成任务。这种领导往往缺乏进取心，喜欢维持现状，因而也被称为“中庸之道型管理”。

（4）乡村俱乐部型管理（图中1—9号方格）

这种类型的领导者对人极为关心，但忽略工作的效果。他很关心工作人员的需求是否获得了满足，重视人际关系，强调同事和下级与自己的感情。

（5）团队型管理（图中9—9号方格）

这种类型的领导者对工作和人都极为关心，能使组织的目标与个人的需求有效地结合起来，既高度重视组织的各项工作，也能通过沟通、激励和团队合作，使组织成员自觉自愿行动，共同参与管理，从而获得较高的工作效率，因而也被称为“战斗集体型管理”。

以上五种典型组合仅仅是理论上的描述，都属于极端的情况。在现实中，很难出现典型的领导方式。

## 第三节　领导艺术

**知识目标**

- 理解领导者决策的关键点
- 掌握领导者授权的原则

领导艺术是指在领导的方式方法上表现出来的创造性和有效性。其中，创造性是指好的领导者应在领导活动中进行真善美的自由创造。其中，“真”是把握规律，在规律中把领导工作创造升华到艺术境界；“善”是指领导者要善听、善纳，知人善任；“美”是指领导者使人愉悦、舒畅，令下属心悦诚服。有效性则是指领导实践是检验领导艺术的唯一标准。

领导艺术是领导科学的重要来源和灵活体现。领导艺术是领导者个人素质的综合反映，是因人而异的。下面是几种常用的领导艺术。

## 一、决策的艺术

决策是领导的基本职责，决策是领导工作的中心环节，决策正确与否直接关系到领导活动的成败，而能否作出正确的决策又与领导者的决策艺术水平有着密切的关系。按照西蒙的决策理论，领导决策不仅要遵循决策的一般规律，按照一系列的决策步骤进行，而且要讲究决策艺术，这往往是决策成功的关键。领导者的决策艺术体现在以下五个方面：

**1. 把握时机，当机立断**

把握有利时机是决策的关键所在。当机立断就是抓住机会果断决策。时机一错过，条件就会失去。本来可以成功的事情，错失良机就可能失败。

**2. 抓住重点**

任何工作在同一时间段内都有主要矛盾和次要矛盾。抓住了主要矛盾，就抓住了问题的关键。主要矛盾解决了，其他问题就会迎刃而解。所以，在决策过程中，抓住重点是非常必要的。

**3. 统筹兼顾，全面布局**

统筹兼顾，全面布局就是要求领导者在决策时既要有“全局一盘棋”的意识，又要学会“弹钢琴”，分出轻重缓急，使各个局部都能协调发展。

**4. 激发不同意见**

一项好的决策往往是在智慧的碰撞中产生的。好的领导者能激发下属发表意见，在激烈的争辩中，激发下属的想象力，发挥其智慧的潜力。通过意见的争论，使“持之有故，言之有理”转换成“正确思想”，而领导者再把正确思想转化成“良策”。

**5. 对策运筹**

领导决策本身就是一种运筹，它是领导者及其智囊团队为了寻找达到目标的最佳方案，在调查研究基础上进行的一系列策划的智能活动，也是组织在遇到对抗性局势或竞争性问题时，针对竞争对手提出相应对策的一种斗智活动。

## 二、用人的艺术

领导者用人的艺术体现在对人才的选拔、任用和管理等各个方面。

**1. 知人善任**

领导者工作的一个非常重要的方面就是选拔人才并对其合理使用，而人才选拔最重要的原则是知人善任。知人就是要了解人，善任就是要用好人。知人是善任的前提，善任是知人的目的。通过知人达到善任，又在善任中进一步知人识人。能否真正做到知人善任，既是对领导者品行修养与领导能力的检验，也直接关系到一个组织的兴衰成败。

领导者只有充分地了解了一个人的才能、品行，才能知道其是否具有承担一项工作的能力，从而决定是否将其安排到这一岗位。

**2. 用人所长**

用人的要诀在于用人之所长，最大限度地实现组织成员的优势互补。金无足赤，人无完人。领导者应该看到和利用下属的优点，不能只抓住缺点。用人之道，一定要用人之长，避人之短，这样才可以充分发挥人才的优势，促进组织的发展。领导者的重要任务之一就是根据个人能力的长项，把人员安排到最适合的岗位上，实现人才所长与岗位所需的最佳组合，实现人力资源的优化配置。

## 案例分析

### 曹操的用人艺术

公元215年，曹操让张辽、乐进和李典三位大将守合肥。有人担心，这三个人地位不相上下，素来不和，安排他们共守合肥是不是不太合适。曹操笑而不语，并在三人临走之时，写了一封密信交给了他们，告诉他们必须等孙权带兵攻打时才能打开看，任何人都不允许私自打开。不久，孙权果然带兵来攻。等到孙权兵临城下，他们三人一同打开此信，只见上面写着："要是孙权带兵来攻，张辽、李典两位将军出战，乐进守城，不得违抗此令。"李典、乐进二位将领不解其意，张辽明白了其中的意图，但他不好说明，只是说我们按照丞相的指令办没错。就这样，张辽挂帅，李典相助，乐进守城，一举打退了孙权的进攻，取得了胜利。

曹操为何如此安排？原来，曹操考虑到合肥远离朝廷，必须派得力干将去守。张辽、李典、乐进三位智勇双全，是最合适的人选。他们三人虽然平时不太和气，但曹操深知每个人的特点和长处：张辽有胆有识，智勇双全，可以起到核心作用；李典是一位儒将，平素小心谨慎，尊重他人，不爱争功；乐进性格刚烈，是一员猛将。按常规，让李典守城，乐进出战更为合适，但乐进由于性格关系，不适合与核心人物张辽配合。如果让他与张辽出战，难保他不争功斗气，而李典却能与张辽配合，这样三个人就能形成一个优势互补的战斗集体。结果正如曹操所安排的那样，三位将领打了一个大胜仗，圆满地完成了曹操交给的守城任务。

这个故事说明，领导者在任用骨干，组合班子时一定要注意互补性。

**3. 大度用人**

领导者必须从全局出发，以宽广的胸襟、包容的态度对待人才。首先，领导者要敢于任用能力强的人。如果领导者因担心自己的地位受到威胁而不敢起用水平高的人，让平庸的人占据重要的岗位，而优秀的人才得不到重用，那么组织很难有发展。其次，领导者要能够任用与自己意见不同的人。具有真知灼见的人才往往有自己的独立观点和对问题的独到见解，这是非常难能可贵的。一个领导者要容许组织内有不同的声音，做到“百花齐放，百家争鸣”。

## 三、授权的艺术

领导者的工作可谓千头万绪，如果每件事都事必躬亲，那么很多工作就会因时间不够或精力不足而无法完成。所以，领导者必须学会正确合理地授权。它是领导的一项职责，也是一门艺术。授权的艺术主要体现在以下三点：

### 1. 合理授权

领导者在授权之前要对下属进行综合分析和考察，掌握其能力水平，以便把适宜的权力与责任授予最合适的人选。在授权之后要做好监督和协调工作，及时解决授权过程中存在的问题，避免出现因领导者大权独揽而造成的人才浪费、工作效率低下的现象。

### 2. 范围明确

授权要做到明确，领导者应让下属知道自己该做什么，不该做什么。授权不明确往往会使下属工作没有章法，不能达到预期的效果。授权的程度是授权的一个重要因素。授权过小，会造成下属的积极性受挫；过度授权，会造成领导者管理失控。

### 3. 权责相应

下属履行其职责，必须要有相应的权力。责大于权，不利于激发下属的工作热情，造成下属的压抑；权大于责，又可能会使下属滥用权力，增加领导管理和控制的难度。

## 案例分析

**你必须放开他们**

美国通用电气公司原总裁杰克·韦尔奇把授权看作管理必需。他认为：“掐着他们（员工）的脖子，你是无法将工作热情和自信注入他们心中的。你必须松手放开他们，给他们赢得胜利的机会，让他们从自己所扮演的角色中获得自信。”当一个员工知道自己想要什么的时候，整个世界都将给他让路。

在二十世纪七八十年代，美国管理界流行着这样一种看法，即领导者的工作就是在低层和高层管理者之间互相发出便函，到处举办高层会议，以确认工厂里和其他地方运行正常。一句话，管理就是监督部下正常工作。1981年，韦尔奇出任通用电气公司总裁。他对这种观念深恶痛绝，认为采取这种方式的经理们是官僚管理者。

韦尔奇总结出“管理越少，公司情况越好”的思想，决定让主管们改变以前那种控制和监督在管理工作中所占比例过高的管理风格。

韦尔奇说，“他们将管理等同于高深复杂，认为听起来比任何人都聪明就是管理。他们不懂得去激励人。我不喜欢‘管理’所带有的特征——控制、抑制人们，使他们处于黑暗中，将他们的时间浪费在琐事和汇报上。紧盯住他们，你无法使他们产生自信。”

但是，韦尔奇对“领导者”这种提法却情有独钟。在他看来，领导者应是那些可以清楚地告诉人们如何做得更好，并且能够描绘出远景构想来激发人们努力的那种人。他们与员工谈话和交流，使员工们脑海中充满美好的景象，使他们在自己都认为不可能的地位层次上行事，然后领导者们要做的是，把员工们行事的道路让开就算达到了管理的目的。

## 四、沟通的艺术

领导者的沟通和交流是构建组织良好人际关系的基本途径。领导者良好的沟通有利于维护和加强领导班子的团结，有利于领导工作的有效性和工作效率的提高，有利于创造良好的组织氛围。沟通是管理的本质，是柔性化时代的必然要求。领导者的沟通艺术体现在以下三个方面：

### 1. 谈话的艺术

谈话是反映领导者综合素质的一面镜子，也是下属评价领导者水准的一把量尺。领导者的谈话艺术主要体现在以下三点：

（1）言之有物

领导者在下属面前讲话，不能空话连篇。要让下属能经常从领导者的讲话中获取新的有效信息，听到新的见解，受到新的启发。

（2）言之有理

领导者在下属面前讲话，不能官气十足，应注意情理相融。不要拿大话压人，要多讲大家最关心的问题，要与下属的思想、工作、生活等紧密结合起来，以理服人。同时要注意讲话逻辑，要让人感到条理清晰，层次分明。

（3）言之有味

领导者在下属面前讲话时，语言要有新意，要有幽默感。

### 2. 多渠道沟通

领导者沟通的方式不应仅仅局限于语言沟通，沟通的方式要有开放性，将书面沟通、电话沟通、网络沟通等多种形式融合于沟通中，为信息交流开辟多个窗口和渠道。表5—1是几种沟通方式的比较。

表 5—1 沟通方式的比较

| 沟通方式 | 举例 | 优点 | 缺点 |
|---|---|---|---|
| 口头 | 交谈、讲座、讨论会、电话 | 快速传递、快速反馈、信息量很大 | 传递层次越多，信息失真越严重，核实越困难 |
| 书面 | 报告、备忘录、内部期刊、布告 | 持久、有形、可以核实 | 效率低，缺乏反馈 |
| 非语言 | 声光信号、体态、语调 | 信息意义十分明确，内涵丰富，表达灵活 | 传送距离有限，界限含糊，只能意会，不能言传 |
| 电子媒介 | 传真、闭路电视、计算机网络、电子邮件 | 传递快速、信息量大、廉价 | 单向传递，其中电子邮件可以交流，但看不到表情 |

### 3. 学会倾听

领导者在沟通的过程中要善于倾听，促使他人表达、反映问题，可以综合全面地了解情况，为后续的工作做好铺垫。适当的时候辅以点头、微笑等肢体语言，表示肯定和鼓励，以增强他人的安全感、亲近感和信任感。

## 五、激励的艺术

领导者要调动下属的积极性、主动性，就要掌握有效激励下属的艺术。

### 1. 了解需求

了解下属的需求是采取适当激励手段的前提。知道激励对象希望得到什么，并有针对性地给予满足，激励才是最有效的。例如，当一个人生活窘迫时最需要的是钱，这时金钱的刺激最敏感，也最有效，而其他刺激就没有那么有效；而人衣食无忧时，对荣誉或社会地位等的渴求大于对金钱的渴求，这时精神激励比金钱的刺激更有效。

### 2. 恰当激励

恰当激励的手段有：

（1）薪酬与奖励

即采用加薪、奖金、奖品、礼品等进行奖励。

（2）增加责权

即鼓励下属参与管理，减少督导与控制。

（3）特殊福利政策

例如，实行弹性工作时间，延长休息或午餐的时间，提供免费工作午餐，给予带薪假期，组织旅游和外出培训等。

(4) 职务与地位的升迁

例如委任新职务，给予新授权，升任新职衔，提供更佳的工作环境，邀请参加高层会议，或负责督导更多的下属等。

(5) 嘉许和表扬

赞扬下属取得的成就，作出坦率、真诚的评价，鼓励继往开来。

(6) 社交活动

增加个人和群体的交往接触机会，例如组织户外活动和聚餐等，通过社交增加下属与上司了解和沟通的机会。

## 案例分析

### 霍桑效应

霍桑工厂是美国西部电器公司的一家分厂。为了提高员工的工作效率，工厂请来了包括哈佛大学心理学家在内的各种专家，试图通过改善工作条件与环境等外在因素，找到提高劳动生产率的方法。

实验初期，实验人员改善了照明、工资、休息时间、午餐、环境等因素，希望发现这些因素和生产率的关系。但是很遗憾，不管外在因素怎么改变，员工的生产效率始终没有提高。

后来实验人员意识到，人不仅仅受到外在因素的刺激，更需要受到主观上的激励。于是，实验人员选定了继电器车间的六名女工作为实验对象。当这六名女工被抽出来成为一组的时候，她们就意识到了自己是特殊的群体，是这些专家一直关心的对象。正是这种受注意的感觉使得她们加倍努力工作，以证明自己是优秀的，是值得关注的，因此，该组的生产效率显著提高。

在后来的两年时间里，实验人员找工人谈话两万余人次，耐心听取工人对管理的意见和抱怨，让他们尽情地宣泄出来。结果，霍桑工厂的工作效率大大提高。这种奇妙的现象就被称作“霍桑效应”。

霍桑效应说明，当组织成员被关注时，以及与之加强沟通时，他们工作的效率就会大大提高。因此，管理者在日常工作中要善于用有效的方式与员工相处，明白什么样的行为才是员工接受和赞赏的。

## 思考与练习

1. 领导和管理有什么不同之处？
2. 典型的领导行为方式有哪几种类型？
3. 谈谈你对领导艺术的理解。

# 第六章　控　　制

## 第一节　控制概述

**知识目标**

➢ 掌握控制的含义、作用、目的与原则

➢ 理解控制与计划、控制与组织的关系

控制是保证组织计划与实际运行相一致的管理职能，是管理过程中不可缺少的环节，是组织和个人达成其最终目标的关键过程。由于组织受到外部环境和内部条件变化的影响，执行结果与预期目标之间时有差异，需要组织的各层管理者执行控制职能进行修正，保证目标的实现。

### 一、控制的含义

控制起源于希腊语“掌舵术”，兴起于管理科学中的“控制论”。在管理活动中，信息是控制的基础，任何控制最终都依赖于信息反馈，即由控制系统把信息输送出去，又把其作用结果返送回来，并对信息的再输出发生影响，起到控制作用。在此过程中，控制根据反馈信息的偏差度，采取有效措施，使实际值与给定值的偏差保持在容许范围内，完成“调试”行为。

现实社会的控制工作非常复杂，贯穿于组织的各级管理层次之中，虽然每个层次管理者所控制的范围不同，但他们都有执行计划的职责。控制也可以说是管理活动这个大系统中的子系统，借助于信息反馈，发现和揭示管理活动中的不足，对原有系统不断地调节改进，优化完善。

简而言之，控制是监督、检查工作是否按照既定的计划、标准和方法进行，发现偏差，分析原因，进行纠正，以保证组织目标实现的过程。控制具有以下三个特点：

一是控制具有很强的目的性，要保证组织的各项活动按既定的计划或标准进行。

二是控制的手段是通过监督和纠正偏差来实现的，这就要求控制系统具有良好的信息系统，以便发现偏差，进行预警，并找出偏差产生的原因。

三是控制的核心是要确保组织的所有活动与组织的目标和战略相一致，进而使这些活动更为有效；控制的关键在于管理信息系统是否完善，信息反馈是否灵敏、正确、有力。

在管理中，高效能的分析系统是执行控制职能的保证，即在组织中设定敏锐的“感受器”，收集各种消息、情报、数据和信号并筛选加工，发现不断变化的客观实际与计划目标之间的差异，将分析整理后的信息转化为各层管理者强有力的行动，不断修正原来的管理动作，以期达到预定目标。

## 二、控制的作用和目的

控制在管理中主要起到两方面的作用：一是检验作用，即检验各项工作是否按预定计划进行及检验计划的正确性和合理性；二是调节作用，即在计划的执行过程中，对原计划进行修改，并优化整个管理过程。

控制的目的体现在两个方面：一是处理组织活动变化频繁而又迅速的“急症问题”，其直接影响到计划的执行结果，与标准进行比较后，若发现有超过计划允许范围的偏差，则及时采取必要的纠正措施，使组织内部系统活动趋于相对稳定；二是处理长期存在着的影响组织素质的“慢性病症”，根据内外环境变化对组织新的要求和组织不断发展的需求，打破执行现状，重新修订计划，确定新的管理控制标准，使之更先进、更合理，以便组织更好地调配和利用资源。

## 三、控制的原则

**1. 控制应与组织相适应**

组织中的控制效果主要还是依靠正式组织来执行，非正式组织和自我控制则起到辅助作用，因此，控制的效果与组织结构的科学性密切相关。

健全的组织结构、明确的岗位职权和责任都是控制有力的保证，否则，控制只是空谈。一方面，要能在组织中将反映实际工作状况的信息迅速地上传下达，保证联络渠道的畅通；另一方面，要做到责权分明，使组织中的各部门和个人都能切实担负起自己的责任，否则，出现了偏差就难以纠正，控制也就不可能实现。这也间接要求控制系统要与组织结构相适应。

控制系统和控制信息的作用是协助每个主管人员履行其管理职能。如果所设计的控制系统不为管理者所理解、信任和使用，它就起不到任何的积极作用，反而会形成阻碍和桎梏。因此，必须使各层管理者能够很好地理解、信任并运用控制系统来实施有效的控制。

例如，如果产品成本不按制造部门的组织机构分别进行核算和累计，如果每个车间主任都不知道该部门产出的产品或半成品的目标成本，那么他们既不可能知道实际成本是否合理，也不可能对成本负起责任，在这种情况下是谈不上成本控制的。

组织的设计越完善，所设计的控制系统越符合组织机构中的职责和职务要求，就越有助于纠正脱离计划的偏差。此外，好的控制系统也要注意人性化的安排，例如，在设计控制系统时要注意柔性管理，不仅要考虑具体的职务要求，还要能够符合每个主管人员的特点。

## 案例分析

### 分粥制度

有七个人组成了一个小团体共同生活，他们每天都要分食一锅粥，但并没有称量用具。为了公平起见，大家试验了不同的分粥方法。

方法一：指定一个人负责分粥事宜。很快大家就发现，这个人为自己分的粥最多，于是又换了一个人，但总是主持分粥的人碗里的粥最多、最好。由此可以看到，权力导致腐败，绝对的权力导致绝对的腐败。

方法二：大家轮流主持分粥，每人一天。这样等于承认了个人有为自己多分粥的权力，同时给予了每个人为自己多分粥的机会。虽然看起来平等，但是每个人在一周中只有一天吃得饱而且有剩余，其余六天都饥饿难忍。这说明，绝对权力导致了资源浪费。

方法三：大家选举一个信得过的人主持分粥。开始这品德尚属上乘的人还能基本公平，但不久他就开始为自己和溜须拍马的人多分。大家不能放任其堕落和风气败坏，还得寻找新思路。

方法四：选举一个分粥委员会和一个监督委员会，形成监督和制约。公平基本上做到了，可是由于监督委员会常提出多种议案，分粥委员会又据理力争，等分粥完毕时，粥早就凉了。

方法五：每个人轮流值日分粥，但是分粥的那个人要最后一个领粥。令人惊奇的是，在这个制度下，七个碗里的粥每次都是一样多，就像用科学仪器量过一样。每个主持分粥的人都认识到，如果七个碗里的粥不相同，他确定无疑将得到那份最少的。

同样是七个人，不同的分配制度，就会有不同的结果。可见，制度至关重要。

**2. 控制应分主次**

组织中的活动往往错综复杂，并且组织的资源是稀缺的，管理者的控制工作不可能在任何细节方面都细致入微，控制需要注意把握关键环节和其中的例外偏差。

把握关键节点是指控制工作要突出重点，管理者不能只从某个局部利益出发，要针对重要的、关键的因素实施重点控制，将注意力集中于计划执行中的一些关键影响因素。控制住了关键点，也就控制住了全局，这也是管理者管理能力的体现。经过多年的管理实践已经形成了一些选择关键点的方法，如系统工程方法中的计划评审技术。

此外，还需要注意计划实施中的例外偏差，尤其是关键环节中出现了超出一般情况的特别好或特别坏的情况。这种情况的出现，有一些是无关紧要的，而另一些则不然。某些特殊的偏差，即使很小，也可能比某些常见的较大的偏差影响更大。因此，对例外情况的重视程度不应仅仅依据偏差的大小而定，同时需要考虑实际情况。

关键点原则强调选择控制点，而例外原则强调观察在这些控制点上所发生的异常偏差。在实际工作中，二者需要密切结合。

**3. 控制应具有及时性**

控制的及时性体现在三个方面：控制系统提供信息的及时性、控制工作中偏差发现的及时性和纠正措施采取的及时性。

信息是控制的基础，信息的收集和传递必须及时。如果信息的收集和传递不及时，信息处理的时间过长，偏差就不能及时纠正。当采取纠正措施时，如果实际情况已经发生了变化，这时采取的措施又不变，不仅不能产生积极作用，反而会带来消极影响，造成不可弥补的损失。

控制要做到及时，可以从两个方面入手：一是应用前馈控制，使管理者尽早发现乃至预测到偏差的产生，采取预防性措施，使工作在最初阶段就能够沿着目标方向进行，即使有了偏差，也能及时纠正，把损失降到最低程度。二是依靠现代化的信息管理系统，随时传递信息，随时掌握工作进度，如此才能尽早发现偏差，进而及时采取措施进行控制。

**4. 控制应具有客观性**

控制的客观性是指在控制工作中，管理者不能凭个人的主观经验或直觉判断，而应采用科学的方法，尊重客观事实。

管理难免有许多主观的因素在内，但不应仅凭主观来决定。在整个控制过程中，主观判断不仅可能使绩效的衡量得不出明确的结论，而且会使纠正偏差的力度难以把握，从而使现实工作更加混乱。

控制工作的客观性要求体现在两个方面：一是信息的客观性，控制系统应尽可能提供和使用无偏见的、详细的、可以被证实和理解的信息；二是控制标准的客观性，必须具有客观的、准确的和适当的控制标准，尽可能将衡量标准加以量化。量化程度越高，控制越规范。

**5. 控制应具有准确性**

控制系统的准确性是控制行之有效的关键保证，信息不准确，会导致错误的决策和管理者控制行动的失误，例如，应该行动的时候没有行动，没有问题反而采取了行动，造成整个组织蒙受损失。

现实中由于各种因素的影响，人们常常将不准确性带入控制系统之中，例如，衡量绩效的工具不合适，使衡量结果的误差过大，或者是员工出于个人利益的考虑，人为地虚报数据。因此，管理者需要选择适用的、精确的绩效衡量方法和工具来避免产生误差，同时还要采取预防措施，运用先进的管理技能避免出现弄虚作假行为。

**6. 控制应具有灵活性**

当今社会技术日新月异，市场需求也在不断变化，组织所处内外部环境中的干扰性、复杂性越来越大，因此，控制应具有足够的灵活性，以适应各种环境变化或利用各种新的机会。

如果控制死板，无法根据新情况调整组织的活动，那么任何一个组织的生存都难以维系下去。一个灵活的控制系统能在计划变化以及发生未曾预见事项的情况下发挥作用，具有足够的灵活性来保持对运行过程的管理控制。

灵活的控制一般最好通过灵活的计划实现，例如，对各种可能出现的情况都应尽量准备好可选择的方案。

## 四、控制和计划

控制职能和计划职能是密不可分的，二者是“一体两面”的关系。

从管理过程来说，管理人员首先要制订计划，将其作为评定行动及其效果是否符合需要的标准。计划越明确、完整和全面，控制效果就越好。没有计划就无法衡量行动是否恰当，更谈不上纠正偏差。而控制是通过制订计划或业绩的衡量标准，以及建立信息反馈系统，检查实际工作的进度和结果，确保组织的所有活动与其环境和计划相一致，及时发现偏差以及产生偏差的原因，并采取措施纠正偏差，从而使这些活动更为有效。

从管理效能来说，控制是指监视各项活动以保证它们按计划进行并纠正各种重要偏差的过程。或者说，控制是依据计划来检查、衡量计划的执行情况，并根据偏差适时调整行动以保证按计划进行或调整计划使活动与计划相吻合。

简要地说，控制就是强迫事件发生过程与既定计划相符合，以确保结果和计划相一致的过程。因此，计划是控制的前提，控制则是完成计划的保证。如果没有控制系统，没有实际与计划的比较，就不知道计划是否完成，计划也就毫无意义。

## 五、控制和组织

控制职能和组织职能不可分割，二者的关系类似于骨骼和肌肉的关系，管理者必须使它们协调地发挥作用。

管理者设定组织结构，目的是使组织成员最有效地运作资源，为组织创造价值，其中关键的部分是执行具体工作的员工的工作效益到底如何，而单单依靠组织结构并不能激励员工按照有助于实现组织目标的方式行事。通过控制，管理者监督和评估组织战略和结构是否在按自己的意图发挥作用，如何改进它们，以及如果它们不能发挥作用，应该如何改变它们。控制的目的是给管理者提供一个手段，能够激励下属朝着实现组织目标的方向努力，并向管理者提供有关组织及其成员如何完成任务的具体反馈。

所以，从组织控制的角度而言，控制是管理者监督和规范组织及其成员的各项活动，纠正各种重要偏差以保证它们按计划进行，并使他们有效地从事实现组织目标所需的行动的过程。

然而，控制并不意味着消极等待，只在事情发生后做出反应。它还意味着将组织保持在正常的运行轨道，预测可能发生的事情，并积极行动。

# 第二节　控制的程序

**知识目标**

- 理解和掌握控制的程序
- 掌握设定控制标准的关键点

控制是一个有规律的程序化过程，贯穿于整个管理活动中。根据控制过程的性质和目的，可以将控制过程分为建立控制标准、衡量实际业绩、鉴别并分析偏差、采取纠正措施四个阶段。

## 一、建立控制标准

设定标准即通过构建一种模式或规范而建立起来的衡量单位或具体尺度，来达到组织期望的业绩。管理人员在此基础上可以判断绩效和成果。这既是整个控制过程的基础，又是控制能否有效实施的关键环节。没有明确的标准，组织实施控制也只是走形式，更谈不上对工作绩效和成果的评估。

标准的类型有很多，它取决于所需衡量的绩效，然而，具体标准的建立并不容易，尤其是当工作繁杂并包括众多未知影响因素时，衡量业绩的困难程度就会提高。

控制标准可以从定量和定性两方面衡量。为了避免主观性和个人对控制过程的影响，对控制标准应尽量采取数字化和定量化。通常我们所谈到的控制标准以定量的居多，对于某些不能用数量来衡量的情况，则采取定性的控制标准，如企业的信誉、人员的工作能力等。

组织运行的复杂性也间接地导致了组织内部控制标准的繁复性，而负有选择最佳评估标准责任的管理者，就需要考核组织中所有层次的效率，作为评估整个组织各个部门的评估标准。例如，当企业的管理者决定实施低成本战略时，考核的业绩标准常为定量化的运营成本，即与生产产品和服务相关的实际成本，包括与员工相关的全部成本。当然，这些业绩标准也可以作为评估管理者个人能力的指标。不仅如此，管理者在确定控制标准时，不能只注重效率和质量，必须本着能提高企业竞争优势的原则，综合选取业绩标准来评估所属部门的业绩。若是忽视顾客的真正需求和创新产品，将可能损害企业的业绩，失去在市场上的竞争优势。

若工作目标是明确的、可证实的和可度量的，那么管理者可以选择采用目标管理方法，将这些目标作为衡量工作绩效的标准。

完成一项完整的计划程序时，时间的跨度很大，范围很广泛，事情也很繁杂。管理者的精力有限，不可能也没有必要面面俱到地了解计划实际执行中的每一个步骤和细节，因此管理者应当从计划中选出众多关键点，把处于关键点的工作预期成果作为控制标准。

在具体选择中，可以采取一些定量化的指标，如劳动生产率、工时定额、原材料消耗定额、利润、销售量、资金利用率、资金利润率、产品合格率等。这些定量指标的选择一般根据组织拥有的资料使用统计分析法来确定，因此又称统计性标准。此外，定性类的标准，如企业公共关系、组织成员的素质、组织气氛等，管理者可以根据自己的经验判断，建立对应的估算标准。在缺乏充分的数据资料时或者历史数据的获得有困难时，也可以采用经验估计法。

制定的控制标准应满足以下几个方面的要求：

一是标准要具有可操作性，即要便于对各部门甚至每个人的工作进行衡量，当出现偏差时，能找到相应的责任单位或责任人；二是标准要具有可实现性，即标准应是经过努力可以达到的，标准过高，人们将因为无法实现而放弃努力，标准太低，人们的潜力难以充分发挥；三是标准要具有合适的弹性，在环境发生变化时有一定的适应性，特殊情况能够做到例外处理，这是因为控制标准的产生不仅要考虑到组织内部因素的影响，还要注意组织外部因素的影响，例如，政府对产业不断提升的要求及政府法规的有关条款，都会影响到组织内部控制标准的制定。

## 二、衡量实际业绩

控制过程的第二阶段是监控阶段，根据预定的标准检查或衡量业绩，并做出客观的评价，从中发现二者的偏差，为进一步采取有效的控制措施提供全面准确的信息。

收集必要的信息是确定实际工作绩效的前提，在此基础上才能够更好地比较衡量，此时着重需要考虑的是衡量什么与如何衡量两个问题。

在计划实施过程中并不是每一步都要进行严密控制，而是要选择一些关键点作为控制核心，以此带动全局，所以选择控制关键点的过程是快捷、准确实施控制的有效过程。

首要的问题是关键的控制点如何选择，即衡量什么可与相应的控制标准进行比较。例如，在计划实施过程中，要考虑控制关键点是起决定性作用，还是容易出现偏差，还是起转折作用，或者是变化大而又不容易掌握，或者是起示范作用。

管理者大多依据人们的追求来确定衡量的内容，例如，对于管理者的领导能力，可以从员工的满意度、营业额、出勤率等多方面进行衡量；对于员工工作效能，可以从工作的态度和面对问题的积极性等方面进行衡量。

确定衡量的内容后，就需要采用科学的方法，收集必要的信息进行衡量。例如，管理者在衡量实际工作绩效时，常采用个人观察、统计报告、口头汇报和书面报告四种收集信息的方式。这四种方式各有利弊，但综合使用就能大大丰富信息来源并提高信息的可靠性。

## 三、鉴别并分析偏差

鉴别并分析偏差，即为检查阶段。在完成前两个步骤后，便可以将衡量结果与所建立的标准进行比较，并且鉴定出偏差的大小和方向。比较的结果可以分为两种情况，最好的一种情况是在衡量实际绩效后，没有偏差发生，或偏差在规定的“容限”之内，则该控制过程只需前两个阶段即可；另外一种情况是出现超出范围的偏差，这时就要采取措施加以纠正。

基于工作标准确定一个可接受的偏差范围是非常重要的。偏差的允许范围要视具体工作的实际情况确定。例如，零部件加工，设定每位工人每小时应该组装 10 件，可接受的偏差是每人每小时正负 1 件，超出这一范围则表示情况失控。

在控制过程中，鉴定偏差的方向也很重要，这主要取决于控制对象的重要性和复杂性。例如，在上例中，如果产量是每人每小时 20 件，虽然偏差超出了可接受的范围，但偏差是正向的，可能就会认为这种正向的偏差是求之不得的，不应该采取纠正措施，但此时企业超出的产量没有市场需求或企业没有库存空间，那么这一偏差就会带来问题，而且超出的产量可能占用了应用于其他方面的资源，这都是需要考虑的。

此外，对偏差鉴定频率也需要注意。对产量、出勤率等短期、基础性的标准，需要比较频繁的偏差鉴定；而对于那些较为长期、较高水平的标准，适合采用时间间隔较长的偏差鉴定。

导致偏差的原因往往是多种多样的，需要结合实际情况深入分析，然后才能对症下药。

### 四、采取纠正措施

采取纠正措施，即为纠偏与执行阶段。在将实际工作与标准进行比较得出结果之后，管理者便可以对实际工作进行评价，并依据偏差的程度和性质分析产生的原因，当偏差超过允许范围时则需要采取相应的措施。当一个阶段性的控制流程结束后，不论成败都要进行总结分析，以便积累经验，为以后的控制活动提供借鉴。

在此过程中，管理者要与具体工作人员及时沟通，保质保量时可给予适当的奖励，激励他们继续努力工作。若超出允许范围的偏差出现时，应该与工作人员一起分析、探究工作未能按预期进展的原因，不能仅仅采取一些临时性的纠正措施以应付差事。这种治标不治本的做法也许会见效一时，但对以后的工作往往容易产生不良影响。

管理者必须把精力集中于查清问题的原因上，既要排查内部因素的影响，也要查外部环境的影响，寻找问题的本质，以求标本兼治之策。在分析偏差原因的基础上，针对那些可以控制的因素采取相应的纠正措施，把实际工作拉回到计划的轨道上来。

## 第三节　控制的类型

**知识目标**

- 掌握预先控制、过程控制和事后控制的作用及关系
- 掌握反馈控制和前馈控制的特点及关系
- 掌握正式组织控制、群体控制和自我控制的特点

当控制的对象、目标、范围和重点存在差异时，对应的控制方式和控制类型也有所不同，从不同的角度、按照不同的标准可以将控制划分为不同类型。

### 一、预先控制、过程控制和事后控制

根据管理活动输入—转换—输出这三个阶段的划分，可以将控制划分为对应的三种控制类型，即输入阶段的预先控制、转换阶段的过程控制、输出阶段的事后控制。虽然这三种控制类型在系统中所起的作用不同，但都是系统正常、有效运作的重要

保证。

### 1. 预先控制

预先控制也称事前控制或前馈控制，是在问题发生前做出预测，防止问题在随后出现。

此阶段着重控制的是源头，即控制即将投入组织的各种资源，强调以未来为导向，保证组织投入的资源在数量上和质量上达到预定的标准，从人力、物力、财力、信息、时间、技术等所有与活动有关的因素和环节中把控起始投入，防止组织使用不合要求的资源，在整个活动开始之前就对工作中可能产生的偏差进行预测和估计，未雨绸缪，在实际偏差产生之前采取防范措施。

在实际操作中，组织会制定一系列规章制度让员工遵守，以保证工作的顺利进行。例如，企业为了生产出高质量的产品而对入厂设备、原材料进行检查、验收，为保证人力资源的质量而进行招工考核和体检等，这些都属于预先控制的范围。

预先控制有很多优点。首先，预先控制开始于工作之前，可防患于未然，避免事后控制对已铸成的差错无能为力的弊端以及所造成的资源无谓的耗费；其次，预先控制是针对某项计划行动所依赖的条件进行的控制，对事不对人，不针对具体人员，不会造成心理冲突，易于被员工接受执行并降低实施的阻碍。

但是，保证预先控制有效实施需要具备前提条件。管理者不仅要对计划行动过程有清楚的了解，懂得计划行动本身的规律，还必须能够及时获取所需要的大量准确可靠的信息，并要随着行动的进展及时了解新情况和新问题，否则就无法实施预先控制。

由于预先控制所需要的信息常常难以获得，所以在实践中还必须结合以下两类控制方式。

### 2. 过程控制

过程控制也称事中控制、现场控制或同步控制。此阶段着重控制的是资源的转换过程，正在进行的计划执行过程。对活动中的人和事进行指导和监督，当问题出现时及时采取纠正措施，以保证活动按规定的政策、程序和方法进行。

过程控制一般都在现场进行，管理者，尤其是基层管理者，要深入现场亲自监督检查、指导和控制下属人员，当发现不符合标准的偏差时，立即采取纠正措施，这也是控制工作的基础。

此外，过程控制的效果与控制者的素质密切相关，也是管理者管理水平和领导能力的体现。过程控制具有指导职能，有助于提高工作人员的工作能力和自我控制能力。

在现场控制中，组织机构授予主管人员的权力使他们能够使用经济和非经济的手段来影响下属。主管人员的个人素质、个人作风、指导的表达方式以及下属对这些指导的理解程度都会对控制的有效性产生影响，其中，主管人员的“言传身教”具有很大的作用。

过程控制中的监督和控制应该遵循计划中所确定的组织方针、政策与标准，控制的内容应该和被控制对象的工作特点相适应。例如，对于简单重复的体力劳动可以采取严厉的监督；而对于创造性的劳动，控制则应转向创造良好的工作环境。

当然，过程控制的有效实施也受到很多的限制。首先，管理者的时间、精力、业务水平有限，不能时时对事事都进行过程控制，因此只能偶尔使用或在关键项目上使用；其次，过程控制的应用范围较窄，对易量化考核的生产工作容易进行过程控制，而对科研、管理等难以衡量成果的工作，几乎无法进行过程控制；最后，过程控制容易在控制者与被控制者之间形成心理上的对立，一旦运用不当，容易损害被控制者的工作积极性和主动性。

**3. 事后控制**

事后控制类似于“亡羊补牢”，即把注意力主要集中于最后的工作结果上，具有明显的滞后性。

当系统最后阶段输出产品或服务时，借助来自系统外部的用户与市场的反应，以及来自系统内部对产生结果的总结，对工作结果进行测量、比较和分析，采取措施，进而矫正以后的行动，可以为未来计划的制订、活动的安排以及系统持续的运作提供借鉴。

事后控制的最大弊端是在采取纠正措施之前，活动中出现的偏差已在系统内造成无法补偿的损失，如已生产的废品所费的原材料、工时等已无法补偿。

上述三种控制方式互相补充。在实际工作中，不能只依靠某一种控制方式，必须根据实际情况综合使用这三种控制方式，对各种资源的输入、转换和输出进行全面的控制，以提高控制效果。

## 二、反馈控制和前馈控制

根据控制信息的性质不同，可将控制工作划分为反馈控制和前馈控制两种类型。

**1. 反馈控制**

反馈控制是为了防止已经发生或即将出现的偏差继续发展或以后再度发生，控制主体根据设立的目标，发布控制指令，然后控制对象根据下达的命令执行规定的动作，并将系统状态信息传递到控制主体，而后控制主体以系统输出的变化信息作为馈入信息，经过与目标进行比较，通过控制对象来实现调整。反馈控制是管理控制工作的主要方式。

反馈控制有两个特点：一是时滞性，需要根据信息反馈决定下一步行动，从信息收集到调整实施有一定的时间滞后，在某些情况下可能会影响目标的实现；二是稳定性，控制系统通过信息反馈进行调节，其总趋势是保持系统的平衡状态。

因此，为了实现反馈控制的有效性，反馈调节的速度必须大于控制对象的变化速度，此时反馈控制才可以正常发挥作用。反之，就会在调节上发生振荡现象。例如，当获取市场上某种商品短缺的信息时，根据价值规律的推断，它的价格会上涨，因而企业管理者得到这个信息反馈后，决定进行生产，然而当产品投放市场时，市场的供求关系可能又发生了新的变动，此时就不一定能够获得预想中的利润。

随着互联网的发展，信息传递和偏差发现等工作能在较短的时间内完成，但是，从分析偏差产生的原因到制定出纠正措施，并实际执行纠正措施，仍然需要一段时间，这也会直接影响到反馈控制的有效性。

时滞现象的存在，使得实时信息也难以得到实时控制。因此，各种改善反馈控制效果的方法纷纷出现，如基于预测的反馈控制的应用，即在获取系统输出的最新变化信息之后，对系统输出的未来变化趋势进行预测，然后将预测结果与计划目标相比较，在此基础上采取措施消除系统将要出现的偏差。

反馈控制还可以进一步细分为端部反馈与局部反馈，二者构成了一种多重嵌套关系。端部反馈强调控制系统的最终成果，如销售量、销售收入、净利润、利润率等，局部反馈强调控制系统的中间结果，如生产计划、生产过程、工序质量、在制品库存量以及各月度和季度的检查结果等。端部反馈由于系统存在时滞，所以当偏差出现之后再采取纠正措施时，可能造成的损失已成事实，无可挽回；而局部反馈可以及时发现问题，排除隐患，避免造成严重后果，保证了最终的产品质量和年度计划的实现，所以在管理控制系统中起着非常重要的作用。

另外，反馈控制还有其他的分类方法，例如，按照是否具有自我纠正机制可以分成两类：一类是可自我纠正的，如在工厂中生产钢材的恒温系统；另一类是不能自我纠正的，需要进行外界的干预。

总体而言，反馈控制属于事后控制，只有当输出量偏离目标时，纠正措施才能开始执行，这也是它最大的不足。因此，在控制过程中，当某个环节受到多种不确定性干扰的影响时，要设法找出反馈变量，建立一个局部反馈回路，以加强反馈控制系统的稳定性和抗干扰能力，防患于未然。

**2. 前馈控制**

前馈控制也称为指导未来的控制，即着眼于对系统未来状态的预测，主要是为了解决反馈控制由于时滞作用带来的损失，事先采取措施应付即将发生的情况。

前馈控制是在系统产生偏差之前进行的，以系统的输入或主要干扰的变化信息作为馈入信息，作用在计划执行过程的输入环节上，以此来预测外部干扰和输入变量之间的相互作用对系统行为的影响，以及这种影响使系统在运行过程中可能产生的偏差，然后据此对系统的输入做出相应的调整，以实现有效控制。这种调整对应的纠正措施也是预防式的，因此可以使系统更快地接近目标。

总而言之，控制原因而不是控制行动结果，是前馈控制最重要的特点。在实际操作中，前馈控制系统相当复杂，需要输入各种影响计划执行的变量及这些变量的各种影响因素，同时还必须注意一些意外的或无法预计的干扰因素，但是，所有这些并不妨碍前馈控制日益广泛的应用。

在较为复杂的系统中，预测不可能完全正确，还可能有事先无法预测到的随机干扰，所以，在通常情况下，管理中采用的是反馈和前馈相结合而构成的复合控制系统。

### 三、正式组织控制、群体控制和自我控制

根据控制源不同，可将控制工作分为正式组织控制、群体控制和自我控制三种类型。

正式组织，即根据明文规定的政策、程序而成立的正式的组织机构及其所属部门。管理者能够利用正式组织的系统，以正式文件的形式，使组织成员遵循和执行这些政策和程序，帮助组织成员实施他们的职责，如规划、预算和审计部门的工作。

群体控制更多的是基于非正式组织的价值观念和行为准则，对其成员进行号召，虽然不一定有严格的行为规范和准确的明文规定，但成员知道如果自己遵循并执行这些规范，就会获得其他成员的认可，反之可能遭到排挤、讽刺，甚至是被驱逐出该组织。例如，一个新员工把产量限制在所在群体可接受的水平，这个水平往往低于他原本就能实现的最优水平。

自我控制是按照自己的修养和价值观有意识地去按某一行为规范进行活动，其能力高度取决于个人的素质。相对而言，具有良好修养的人、顾全大局的人或者具有高层次需求的人有较强的自我控制能力。例如，为了更好地完成工作，这些人会利用自己的闲暇时间学习，为了保持工作场所的干净整洁主动打扫卫生。

## 思考与练习

1. 控制应当遵循哪些原则?

2. 以某工厂生产一种产品的过程为例，分析如何建立控制的程序并说明各阶段的重点。

3. 控制的类型有哪些?

# 第七章　管理创新

从某种意义上讲，管理的计划、组织、领导、控制四大基本职能属于管理的维持职能，其任务是保证组织系统按照预定的方向和规则运行。但是管理时刻处于动态变化的环境中，仅有维持职能是不够的，还必须不断调整管理的内容、目标和方式等，以适应环境变化的要求——这就是管理的创新职能。维持与创新是管理的本质内容，有效的管理在于适度维持与适度创新的有机结合。

## 第一节　管理创新概述

**知识目标**

- 掌握管理创新的含义和必要性
- 掌握管理创新的特点和实现途径

### 一、创新与管理创新

创新理论最早由奥地利经济学家约瑟夫·熊彼特于1912年在其《经济发展理论》一书中首先提出。熊彼特认为，创新是建立一种新的“生产函数”，是生产手段的新组合，即用新思想将生产要素和生产条件重新组合。这种创新是在技术和观念创新的基础上进行的对资源配置方式的调整和创新。

对于企业而言，创新的关键是观念的创新，即将新思想转换成有用的产品和服务的过程；创新的结果是新产品、新方法、新市场、新原料、新组织等。创新是创造的革新，强调的是创造的某种具体实现，是创造的目的和结果。值得注意的是，创新并不一定是全新的东西，旧的东西以新的形式出现或以新的方式重新组合也是创新。

**案例分析**

**吉列盈利模式的创新**

过去，吉列公司采用的是“剃刀与刀片”的盈利模式——溢价销售剃刀手柄，廉价销售刀片。这样的结果是培养了顾客遗弃旧刀片的习惯，而不是把旧刀片磨快后反复使用。其用意就在于：对于产品系统的耐用部分，通过溢价销售来创造一个基础客户群；对于易损耗部分，则通过低成本销售源源不断地获取收益。这样的模式后来推广应用于“墨盒—打印机”“胶卷—照相机”“胶囊咖啡—咖啡机”等众多领域。

当吉列的专利在1921年过期之后，公司迅速转变了盈利模式，通过提高产品质量、稳定顾客群体来赚取利润。从促使顾客接受产品到延长产品生命周期，吉列实现了盈利模式的转变与创新。

基于创新理论又延伸出了管理创新的概念，以下是国内外学者对管理创新概念的几种具有代表性的看法。

定义一：管理创新是指组织形成创造性思想并将其转换为有用的产品、服务或作业方法的过程，也即富有创造力的组织不断将创造性思想转变为某种有用的结果的过程。

定义二：管理创新是指针对影响企业成长发展的问题，改进原来的管理或探索新的出路，开创新型管理方法、管理方式、管理模式的系统活动。

定义三：管理创新是指在市场经济条件下，企业根据经营需求和科技发展状况，整合现有资源，研究生产经营过程，对企业传统管理模式、管理手段等进行变革和改进的过程，是企业为重新选择和构建新的管理方法和制度而实施的一项系统工程。

综合上述观点，管理创新的概念可以概述为：管理创新就是管理主体把新的管理要素（管理方法、管理手段、管理模式等）或要素组合引入企业管理系统，使组织系统能够适应外部环境及组织内部条件的变化，以更有效地实现组织系统预定目标的过程。

该定义指出了管理创新的四项基本内容：

一是管理思想与观念的创新，例如从传统科学管理思想到组织行为管理思想、人本管理思想、企业文化管理思想等。

二是管理组织的创新，例如从直线型管理组织到直线职能型管理组织、事业部制管理组织等。

三是管理方法的创新，例如在管理中应用运筹学、网络技术、优选法、价值工程等方法。

四是管理技术的创新，例如采用互联网与数字信息建立企业集成管理系统，利用网络技术、数字技术实现管理技术现代化。

管理创新是一种理念，更是组织生存发展的内在要求，是企业持续成长的决定性因素。大量创新实践表明，在企业中，很多技术创新项目没有实现预期效益，主要不在于技术因素，而在于组织的战略、文化、制度、组织结构、人力资源管理等非技术因素，即组织的管理问题，因此企业创新从根本上讲就是管理创新。

当前，组织处于复杂、多变、激烈的竞争中，过去在静态竞争环境下形成的战略理论已经过时，静态竞争已经变成动态竞争。管理创新不仅是现代组织的一个重要支柱，而且是社会发展的一个重要部分。

## 二、管理创新的特点

管理创新不同于一般的创新，其特点在于创新和管理两个方面的结合。管理创新具有创造性、长期性、风险性、效益性、系统性和时效性等特点。

**1. 创造性**

管理创新是创造性的管理思想及其实践活动，它以原有的管理思想、方法和理论为基础，充分结合实际工作环境与特点，积极吸收各种思想、知识和观念，创造出新的管理思想、方法和理论。其重点在于突破原有的管理思维定式和框架，创造出具有新属性的、增值的管理要素。

**2. 长期性**

管理创新是一项长期的、持续的、动态的工作过程，不可能在短时间内一蹴而就，也不是实现一两次创新后就可以停止脚步。管理创新永无止境，要随着环境的变化和组织目标的调整而持续进行。

**3. 风险性**

管理创新作为一种具有创造性的过程，包含着许多可变因素、不可知因素和不可控因素，这种不确定性使得管理创新存在着许多风险。实践证明，能够获得成功并收到预期效果的管理创新是少数，甚至是极少数。创新一旦失败，创新过程中的大量投入将无法收回，企业的竞争能力甚至也会受到损害。

所以，要理性地看待管理创新中的风险，尽可能地规避风险，使成本付出最小化，成功概率最大化。

**4. 效益性**

组织进行管理创新的目的是优化生产要素的配置，降低经营成本，提高经济效益。通过管理创新，建立新的管理制度，形成新的组织模式，实现新的资源整合，继而建立起效益增长的长效机制。例如，通过技术创新提高产品技术含量，使其具有技术竞争优势，从而获取更高利润。成功创新所获得的效率和效益（经济效益、社会效益、生态效益）应当大于创新的投入和风险造成的损失。

**5. 系统性**

系统性是指在进行管理创新时必须结合组织的系统化工作体系进行，从而实现管理的综合化。管理创新系统是一个非常复杂的系统，其中每一个环节都是彼此关联的。系统必须根据内外环境条件的变化，适时进行局部或全局的调整。管理创新的系统性主要表现在以下两方面：

（1）从管理创新的内容看，管理创新是涉及战略、市场调查、预测、决策、研究开发、设计生产、安装调试、营销等一系列内容的系统活动。这一系统活动是一个完整的链条，其中任何一个环节出现失误，都会影响企业的创新效果。

（2）从管理创新的影响因素看，管理创新活动受到社会、经济、技术等诸多外部因素的影响。在组织内部，管理思想、管理体制、组织结构等状况也会影响管理创新的效果。

**6. 时效性**

由于管理的内外部环境始终在变，所以任何管理创新都是有时效性的，只适用于特定时间和特定环境。当关键条件发生变化时，管理的目标、方法、组织等都有可能发生变化，原有的管理创新可能就需要作出调整。例如，对企业来说，消费者偏好的变化或是生产技术的更新，都有可能使原有的创新失效，所以企业在进行创新决策时，要充分考虑消费者对创新产品的需求的持续时间、该产品被其他产品替代的可能性，等等。

随着创新效果的扩散，组织依靠管理创新获得的竞争优势将会逐渐消失，这就需要不断推动新一轮的创新，使组织既能适应当前的环境要求和组织内部条件，又能适应未来的外部环境要求和内部条件的变化，不断取得竞争优势。管理创新的推进和创新水平的不断提高，正是推动组织发展的动力。

## 案例分析

### 索尼的创新思维

索尼公司在成立之初，就确立了创新至上的经营理念。

索尼在早期的《成立意向书》中就明确宣告，公司的宗旨是享受有益于公众的技术进步、技术应用和技术革新带来的真正乐趣；弘扬日本文化，提高国家地位；做开拓者，不模仿别人；尊重和鼓励每个人的才能和创造力。

索尼公司非常注重开发、培养自己的核心技术，每当出现与自己的研究、生产活动相关的新技术，索尼就马上抓住机会，迅速应用到自己的产品中来。有些技术在欧美刚刚出了实验室，索尼就开始考虑购买其专利，实现商品化。通过创新，索尼公司在一大批专业领域掌握了核心技术，如半导体技术、生产技术、材料技术、通信技术、信号处理技术、信息处理技术等。仅在二十世纪五六十年代，索尼就成功开发了5个日本首创、16个世界首创的产品。

## 三、管理创新的分类

根据不同标准，可以将管理创新分为多种类型，见表 7—1。

**表 7—1　　管理创新的分类**

| 分类标准 | 类别 | 说明 |
| --- | --- | --- |
| 管理活动的性质 | 职能管理创新 | 如战略、目标、计划、实施、控制、领导、组织等方面的创新 |
| | 专业管理创新 | 如研发管理、生产管理、销售管理、采购和供应链管理、人力资源管理、财务管理、信息管理等方面的创新 |
| | 管理基础创新 | 如机制创新、制度创新、流程创新、标准创新、方法创新、系统创新以及其他运作方式的创新 |
| 创新重点 | 管理观念创新 | 如提出新的管理思想 |
| | 管理手段创新 | 又分为组织创新、制度创新和管理方法创新 |
| | 管理技巧创新 | 如对沟通、协调等方面的技巧进行创新 |
| 创新程度 | 重大管理创新 | 从根本上改变原有管理思想或管理手段的创新 |
| | 一般管理创新 | 管理思想基本不变，仅改变管理手段和技巧且变化不大，即主要对现有管理思想的实现手段或运用领域、范围进行改进 |
| | 综合管理创新 | 既有管理思想的改变，又有管理手段或管理技巧的改变，但变化程度不大 |
| 创新的出发点 | 现实性管理创新 | 为解决现实性问题或满足现实性要求而进行的创新 |
| | 储备性管理创新 | 为组织未来发展所进行的创新，如人力资源储备、后备人才培养等 |
| 创新内涵大小 | 总体性管理创新 | 对管理总系统的创新，带有全局性，如战略管理、企业整体优化、企业资源整合 |
| | 专业性管理创新 | 只在某一专业领域或专业分系统内（如成本管理、劳动管理）的创新，或只在某一层次（如班组管理、车间管理等）的创新 |
| | 单项性管理创新 | 只对某一管理要素或某一特定的管理范围（如某个控制点、某个管理环节）的创新，如提出降低废品损失的新方法 |

# 第二节　管理创新的过程和内容

**知识目标**

- ➢ 掌握管理创新的过程和实现方法
- ➢ 掌握管理创新的内容

## 一、管理创新的过程

**1. 分析组织的内外环境，寻找潜在的创新契机**

组织环境是管理的基础，管理创新首先要对组织的内部环境和外部环境进行分析，发现潜在的创新契机。这些契机既包括环境带来的机遇，也包括环境造成的威胁；既有内容方面的，也有手段和方式方面的。其中，主要应分析以下四种环境：

（1）宏观环境

政治、经济、社会、文化等各类宏观因素的变化，都可能成为组织管理创新的契机，如社会保障体制改革、国家经济体制改革、宏观经济周期波动、新媒体发展趋势等。

（2）市场环境

以企业为例，产品市场定位、消费者消费偏好，竞争者行为模式等都可能成为企业管理创新的动力。

（3）技术环境

当前科学技术进步十分迅速，不断出现新技术、新材料、新工艺、新设备。技术的发展提高了劳动生产率，为管理创新提供了丰富的手段。

（4）组织内部环境

组织内部的生产、技术、人员、文化等因素的变化会对组织的管理创新提出直接要求，推动管理思想、管理方式、管理手段的变革。

**2. 提出创新的构想**

发现管理创新的契机后，需要结合组织的实际情况，把契机转化为具体的构想。创新构想应在综合考虑外部环境的基础上，与组织当前业务及能力匹配，要探索未来可能的趋势，权衡组织现有的资源和能力，充分利用环境提供的机会，努力消除潜在威胁，增加抗风险的能力。

**3. 制定行动方案，实施管理创新**

制定具体的创新方案时，需要详细了解组织自身的资源和能够利用的外部资源，全面规划，细致设计，尽可能探索最佳方案，为创新的有效推行打下基础。

实施创新是管理创新过程的核心，也是检验创新方案成功与否的阶段，需要大量的时间和成本。在实施创新的过程中，需要密切关注创新带来的变化，对创新过程进行有效控制，解决创新中出现的问题，消除创新过程中的阻力，达到创新预期的目标。

**4. 总结管理创新活动**

实施创新不代表管理创新过程的终结，完成创新后还需要对管理创新进行总结和反思，总结创新的得失经验。不论管理创新成功与否，每次创新都会为组织提供非常有价值的经验，发现改进与提升的空间，从而有利于组织的“再创新”。

对创新过程进行管理的关键点是精心设计及控制创新活动，从而最大限度地减少失败的可能性。

就企业而言，企业的管理创新一般从产品创新开始。一种新的市场需求总是表现为产品需求，因而，在创新初期，企业的创新活动主要是产品创新。一旦产品被市场接受，企业就会把注意力集中到过程创新上，目的是降低生产成本，改进产品品质，提高生产效率。当产品创新和过程创新进行到一定程度时，企业的注意力会逐渐转移到市场营销创新上，目的是提高产品的市场占有率。在创新过程中，还会伴随着必要的组织创新。

## 二、管理创新的内容

管理创新包括管理的理念创新、技术创新、组织创新、制度创新、环境创新、战略创新等内容。

**1. 理念创新**

管理思想和管理理念是组织管理的灵魂，因此，实施管理创新的关键是引入先进的管理理念。管理理念创新是对现有管理思维的定式、内容、构想的突破。理念创新可以改变人们陈旧过时的或不利于管理活动的既定看法和思维模式，实现人的主观能动性和客观资源条件的有效结合，依靠人的积极性和创造性，实现全员性、全过程、全环节、全方位的管理，最大限度地发挥管理效能。以企业为例，在管理创新过程中，要充分认识到理念创新是管理创新的首要内容，树立起市场竞争、质量效益、成本控制、品牌价值等适应市场经济发展的经营管理理念。在当前经济全球化和知识经济时代，必须破除传统的管理理念，树立与市场经济和全球化相适应的新的管理理念。

**2. 技术创新**

技术创新是指采用新的生产方法或新的原料生产产品，以提高质量、降低成本、保护环境或使生产过程更加安全和高效的过程与行为。技术创新不仅能够提高资源配置的效率，还能把资源配置的不确定性降到最低。

技术创新是管理创新的重要内容。世界经济发展史就是一部技术创新的历史，在信息时代，信息技术引领的现代科技的发展进一步推动了管理创新。随着社会经济的发展和市场竞争的不断加剧，技术已成为影响企业竞争力的关键因素，企业竞争的成败在很大程度上取决于各自的技术优势，而非资金优势和资源优势。只有不断加强技术创新，企业才能在竞争中立于不败之地。

开展技术创新要结合组织自身特点，充分考虑技术创新主体的创造能力与行为方式，重点关注技术创新的效率。技术创新具体包括以下两个层面的内容：

（1）要素创新与要素组合创新

要素创新包括原材料创新、设备创新，要素组合创新包括生产工艺、生产过程的创新。此类创新主要有：材料替代和重组，如用玉米生产一次性水杯、餐具和包装盒，从玉米中提取乙醇，从大豆中提取润滑油替代石油产品等；工艺装备的革新，如用计算机绣花代替手工绣花，用数控机床代替手动操作机床等；工艺路线的革新，如用精密铸造、精密锻造、粉末冶金代替金属切削生产复杂的机械零件，从而大大缩短生产周期，降低成本；操作方法的革新，即用更省力、更高效的操作方法，代替传统、低效的操作方法。

（2）产品创新

产品创新是指研发和生产出能够更好满足社会需要的产品、体现组织价值和生态要求的产品，使其性能更好、外观更美、总费用更低、使用更便捷。产品创新是技术创新的核心内容，它既受制于技术创新的各个方面，又影响技术创新效果的发挥。产品创新主要包括品种创新和结构创新。

品种创新是指企业根据市场需求和消费者偏好的变化，及时调整生产方向和生产结构，不断开发出受市场欢迎的、适销对路的新品种。例如，三九集团曾开发出一款健康功能煲，用于家庭煎药，不但保证药效，而且操作安全方便，深受市场欢迎。

结构创新是指在不改变产品基本性能的基础上，通过改进产品结构，使产品生产成本更低，性能更高，使用更安全，操作更方便，更具有市场竞争力。

**3. 组织创新**

随着组织经营活动的变化，同一组织在不同的时期要对组织结构不断进行调整创新。组织创新是指组织根据内外部环境的变化，及时对组织的管理理念、工作方式、组织结构和人员配备等方面进行调整、改进和革新的过程，它是组织进行的一项有计划、有组织的系统变革过程。组织创新的目的在于通过对组织结构和功能的调整，更合理地管理组织资源，提高管理的效率。

组织结构的科学性决定着资源配置的合理性。实施组织结构创新，就是要求组织面对新的发展环境，通过合理的组织构架设计，建立权责明晰、管理科学、运行高效的组织管理体系，使组织的内部管控达到较高水平，提高组织的效率和活力，实现资源利用的最大化和效益的最大化。

组织创新一般包括以下几种情况：

（1）职能结构的变革与创新

即转变组织结构的形式，如从直线职能制转变为矩阵制，或者形成新的事业部制或网络型结构。

（2）管理体制的变革与创新

即重新调整组织内各部门间责权利的关系，修订规章制度，如将管理重心下移至班组，推行班组长制，这样当生产现场发生问题时，最了解现场的人员在现场能以最快速度解决问题，从而从组织上保证了管理的质量，提高了工作效率。

（3）管理行为的变革与创新

包括增加或修订各种规章制度等内容，如修订员工绩效考核制度。

(4) 运行机制的变革与创新

组织应建立一套能够有效进行指挥、决策、控制、反馈信息的系统，使组织内部各个环节、各类管理人员、各类技术人员、各职能科室等成为一个有机协调的整体。如企业改革原有的自上而下进行考核的旧制度，实行上道工序由下道工序考核、辅助部门由主体部门评价的新体系，最终提高企业整体效益。

(5) 跨组织联系的变革与创新

重新调整组织与外部环境的关系，重新整合与组织相关的外部环境的优势资源，推进组织间联系的网络化，这也是当前组织创新的一个重要方向。

**4. 制度创新**

制度创新就是组织在现有的环境条件下，根据内外部环境的变化和自身发展壮大的需要，对组织自身运行方式、原则、规定的调整和变革。它是对管理理念创新和管理组织创新的进一步制度化和规范化，同时又具有引导观念创新、技术创新和组织创新的功效。制度创新是实现管理创新的根本保证，也是管理创新的最高层次。组织所有的创新活动都有赖于管理制度创新的沉淀和持续有效的激励，并通过制度创新得以固化并持续发挥作用。

企业的制度创新主要包括产权制度创新、经营制度创新和分配制度创新。产权制度创新应朝寻求生产资料的社会成员个人所有与共同所有的最适度组合的方向发展，经营制度创新是为了不断寻求最有效利用生产资料的方式，分配制度创新是为了不断追求和实现报酬与贡献在更高层次上的平衡。

企业制度创新的方向是不断调整和优化所有者、经营者、劳动者三者之间的关系，使各个方面的权利和利益得到充分的体现，使企业各个成员的作用得到充分发挥。例如，为适应市场经济的要求，我国对企业经营机制进行了一系列的创新，包括实施产权制度改革、股份制和公司化改造、企业重组、完善法人治理结构、建立员工激励及约束机制等。

**5. 环境创新**

环境创新不是指组织为适应外界变化而调整内部结构或活动，而是指通过组织积极的创新活动去改造环境，引导环境朝有利于组织的方向变化，最大限度地获得环境的有力支持，并实现组织与外部环境的良性互动。例如，通过公关活动影响政府政策的制定，通过技术创新影响社会技术进步的方向等。

就企业来说，环境创新的主要内容是市场创新。市场创新主要是指通过企业的活动去引导消费，创造需求。成功的企业经营不仅要满足消费者已经意识到的需求，而且要去开发和满足消费者可能还没有意识到的需求。市场创新的更多内容是通过企业的营销活动来进行的，即在产品的材料、结构、性能不变的前提下，通过广告宣传等促销活动，诱发和强化消费者的购买动机，增加产品的销售量。

**6. 战略创新**

战略创新是指组织在管理过程中对涉及组织生存发展的全局性、根本性问题的重新调整和规划。战略创新是管理创新的统帅。

战略创新的核心问题是重新确定组织的管理目标。例如，企业确定的经营目标会决定企业如何确定自己的顾客和竞争对手，也会决定企业对关键性成功因素的看法，并最终决定企业的竞争策略。成功的战略创新者会采用与所有竞争对手完全不同的竞争策略和经营目标。

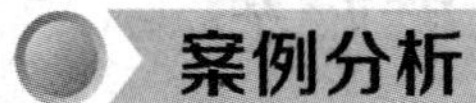

## 案例分析

### 杜邦公司的组织创新

美国杜邦公司是一家历史悠久的化工企业巨头。在200多年的发展历程中，杜邦公司对企业管理组织进行过多次创新。杜邦公司的组织创新体现了企业组织发展演变的一般规律，成为世界各国企业效仿的典范。

杜邦公司组织发展变化的过程也是组织创新的过程，其组织创新主要经历了以下几个阶段：

一、单人决策式管理组织形式

19世纪，杜邦公司基本采用单人决策式的管理组织形式。公司的主要决策和细节决策，包括支票签开、合同签订以及对几百家经销商的监督等，都由一人决定。随着时代及市场的变化，这种管理组织形式不再适应公司发展的要求，进行管理组织创新就成为公司的迫切任务。

二、集团式管理组织形式

杜邦公司进行了管理创新与变革，成为美国第一家由单人决策式管理组织改变为集团式管理组织的公司。第一，公司设立执行委员会，作为董事会下最高管理机构；第二，建立预测、长期规划、预算编制、资源分配等管理部门并建立对应的职能部门；第三，对有争议的问题，通过投票方式进行决策。集团式管理大大提升了杜邦公司的运作效率和竞争力。到20世纪初，杜邦公司生产的5种炸药占全美总产量的64%~74%，无烟军用火药占100%。

但随着杜邦公司规模扩大以及开展多元化经营，公司的组织结构越来越缺乏弹性，因此再次面临管理组织创新的压力。

三、多分部管理组织形式

面对新的挑战，杜邦公司意识到必须建立起能够及时预测市场需求变化的管理组织机构，并创造出多分部管理组织形式。即在执行委员会下，设立由副董事长领导的财务和咨询两个总部，同时按产品种类设立独立核算的分部，分部经理享有本部门生产、销售、采购、运输等独立决策权力，高层管理者对各个分部进行监督。这一创新的管理组织形式使杜邦公司的生产和市场需求建立起密切联系，采购、生产、销售、消费者需求实现了一体化。

杜邦公司之所以屹立200年不倒，正是由于其根据市场需求的变化，不断变革管理方式，不断进行组织创新，从而经久不衰。

## 第三节　企业管理创新的必要性和发展趋势

知识目标

- ➢ 掌握企业管理创新的必要性
- ➢ 掌握企业管理创新的发展趋势及前景

### 一、企业管理创新的必要性

企业必须根据市场需求和技术条件等因素的变化对管理模式不断进行优化、改革、创新，使之适应市场的变化。企业只有顺应时势变化不断创新，才能在激烈的市场竞争中生存和发展。

**1. 管理创新是全球经济一体化的要求**

当今世界各国经济交流不断加强，企业之间的联系日益紧密，许多企业都面临着国内竞争国际化、国际竞争国内化的复杂局面，这些都要求企业对传统的管理制度、管理方法进行创新，以适应瞬息万变的国内外市场环境。在经济全球化的背景下，企业必须适应时代的要求，从管理理念、管理制度和管理方法上不断创新，从而实现真正意义上的企业管理创新。

**2. 管理创新是企业发展的内在需求**

只有通过管理创新，企业才能增强核心竞争力，企业的经济效益才能得到保证，企业才能不断提升管理水平，得到持续发展。

### 二、企业管理创新的发展趋势

**1. 由追求利润最大化向追求企业可持续发展转变**

长久以来，利润最大化一直是很多企业的最终目标。但是随着时代的进步，这一理念有时也会严重阻碍企业的发展，甚至导致企业的失败。因为，过分强调利润最大化可能会使企业在面对可持续发展问题时做出错误的选择。在知识、技术、产品的创新速度日益加快的今天，对现代企业来说，发展的可持续性已经成为比管理效率更为重要的课题。

坚持可持续发展的管理观，在管理中就会关注整体性，讲究系统性，在管理精细化、科学化、程序化、规范化和制度化的基础上，注重以人为本，不断提高员工素质，充分调动员工积极性，发挥其能动作用，同时注重团队建设及组织学习，搭建企业文化平台，不断提升核心竞争力，提高市场竞争优势。

**2. 企业竞争由传统的要素竞争转向企业运营能力的竞争**

在传统竞争环境中，企业生产的产品大多具有标准化、生命周期长、信息含量少、简单一次性交易等特点，这使得传统企业比较注重资本的积累、原材料来源的稳定及劳动力成本的降低。而在当代的竞争环境中，产品和服务表现出个性化强、生命周期短、信息含量大、与消费者沟通密切等特点，这就要求企业要使生产、营销、组织、管理等各方面都“敏捷”起来，成为一个全新的“敏捷性”经营实体，实现向“敏捷管理”方式的转变，提升企业的运营能力。

企业要实现向“敏捷管理”方式的转变，必须做到以下几点：

在生产方面，具有按照顾客需求任意批量制造产品和提高服务的能力。

在营销方面，能够以顾客价值为中心，丰富顾客价值，生产个性化产品和服务组合。

在组织方面，能够整合企业内部和外部与生产经营相关的资源，通过与供应商和顾客的互动合作，创造和发挥资源杠杆的竞争优势。

在管理方面，由强调指挥和控制的管理思想，转变为强调领导、激励、支持和信任的管理思想。

**3. 企业间的合作由一般合作模式转向虚拟企业、网络组织、供应链合作等形式**

（1）供应链合作

供应链合作一般是指在供应链内部两个或两个以上独立的成员之间形成的合作，包括企业同采购源头、上游供应商、下游销售商、最终的销售终端直接建立合作关系。供应链合作可以使合作各方减少不确定因素，降低库存，快速响应市场。

（2）战略网络

战略网络主要是指企业通过建立与供应商、经销商以及最终用户的价值链形成一种战略网络。在战略网络中，竞争已不是单一的公司之间的竞争，而是战略网络间的竞争。

（3）协作联营

协作联营表现为企业通过与竞争对手、供应商或其他经营组织有选择地分享和交换控制权、成本、资本、进入市场机会、信息和技术等，形成联营组织，从而在市场竞争中创造更多的价值。

(4) 虚拟组织

虚拟组织是指以企业的品牌和知名度为资源，利用信息技术把多个具有专长的企业联系起来，组成开放式的网络组织。

**4. 员工的知识和技能成为企业保持竞争优势的重要资源**

进入知识经济时代后，知识逐渐成为企业最重要的资源，它被认为是和资金、人力等并列的资源。企业将主要通过提升员工的知识水平和技能水平，而不是依靠金融资本或自然资源来获取竞争优势。企业需要更多地通过组织学习、加强知识管理和加强协作能力来应对知识经济的挑战。

**5. 绩效管理从只重视结果变为结果和过程并重**

传统的绩效管理是静态的、一次性的，是对结果进行评估，根据得分确定奖惩，以实现对员工的激励。这是企业在执行经营战略和人力资源管理的过程中，对员工的工作完成情况进行的最终评价。但这种绩效管理方式缺乏动态机制，其原因在于，对从目标到结果的形成过程缺乏控制。

近年来，信息技术的发展使实现更为精细的绩效管理成为可能，绩效管理的工具也由单一向多维发展。绩效管理与公司战略相联系，是近年来绩效管理的显著特点。绩效管理已经逐渐变静态考核为动态管理，主要有目标管理理论、关键绩效指标（KPI）、平衡计分卡、战略地图、360 度绩效评估和 EVA 价值管理等理论应用。

**6. 信息技术在企业管理创新中的作用日益重要**

信息技术不断发展，互联网及计算机技术不断进步，使企业的业务活动和业务信息能够完全分离，大幅提高了企业业务信息的处理效率，长久以来的集中与分散的矛盾得以解决。企业可以通过信息技术手段，将内部资源进行有效的整合与利用，同时也能将外部资源、上下游企业乃至整个供应链的各个环节进行有效的组织和动态调配。

**7. 由追求企业自身利益转变为与环境、社会和谐发展**

随着现代社会的不断发展与进步，企业的社会责任受到了越来越多的关注。在担当社会责任方面表现良好的企业不仅可以获得公众口碑，还可以改善风险管理，提高企业的声誉。越来越多的企业在追求利润的同时，主动承担起对环境和社会的责任，树立良好的公信力，推进环境、社会协调发展。

## 案例分析

**摩拜单车的创新之路**

几年前，多地政府曾推行过城市公共自行车建设项目，但由于认证系统复杂，还车地点固定，存车设备建设占用过多资源等原因，这些项目很快悄然沉寂。

2016 年 4 月，摩拜单车一夜间出现在多个一线城市。经过 8 个月的布局，它成功推行了公共自行车项目，被誉为“全球首款智能无桩共享单车”。

摩拜单车复活公共自行车项目的秘诀就是创新。它整合了电子信息技术，利用二维码进行身份认证、开锁、结算，用户只需一部可上网的手机即可自由使用，随用随还。同时它仍在不断进行创新，例如，采用更结实耐用和轻便的实心车轮、全封闭式传动系统、单边支撑架和新颖时尚的外观颜色等，因而受到了广大用户的青睐。摩拜单车先后获得熊猫资本、愉悦资本、创新工场等数轮融资。它开辟了共享经济新模式，将原来的公共物品投入转变为非公益性运营。

共享单车是当代中国经济的一个典型创新案例。摩拜单车这一创新模式的出现，突破了传统公共自行车的局限。智能无桩模式大大降低了运营与维护的成本，同时还能满足分散不确定的骑行需求。摩拜单车通过技术和商业模式的创新结合，为共享单车开辟出了一片新的市场。

## 思考与练习

1. 简述企业发展管理创新的必要性。
2. 分析管理创新过程的各个阶段及实现方法。
3. 当代管理创新有哪些发展趋势？